我的努力让我舍不得亏待自己

李甜甜◎著

天津出版传媒集团
天津人民出版社

图书在版编目（CIP）数据

我的努力让我舍不得亏待自己 / 李甜甜著. —天津：天津人民出版社，2016. 5

ISBN 978-7-201-10275-7

Ⅰ. ①我… Ⅱ. ①李… Ⅲ. ①散文集—中国—当代 Ⅳ. ① I267

中国版本图书馆 CIP 数据核字（2016）第 076621 号

我的努力让我舍不得亏待自己

WODENULI RANGWO SHEBUDEKUIDAIZIJI

李甜甜 著

出　　版　天津人民出版社
出 版 人　黄　沛
地　　址　天津市和平区西康路35号康岳大厦
邮政编码　300051
邮购电话　（022）23332469
网　　址　http://www.tjrmcbs.com
电子邮箱　tjrmcbs@126.com

责任编辑　王昊静
策划编辑　陈慧文
装帧设计　张静涵

印　　刷　北京市玖仁伟业印刷有限公司
经　　销　新华书店
开　　本　880×1230毫米　1/32
印　　张　6.75
字　　数　127千字
版次印次　2016年5月第1版　2016年5月第1次印刷
定　　价　32.80元

前言

在一年前我刚开始做公众号，就看过甜甜的文字。这个姑娘的文章，和她的名字一样，简洁、直接、可爱，让人轻松地记住，愉悦地接纳。

后来很偶然地在一个作者群里相遇。我们当即互相加了微信。

明明素昧平生，却偏偏一见如故。

写情感文章的女子很多。有人喜熬原汁原味正宗纯鸡汤，有人善春风化雨润物细无声，有人鞭辟入里字字犀利，有人情真意切句句暖心。

而甜甜写感情，既置身事外，又切入其中。

她说自己是个理性的矫情者。“我一直是主张相亲的，尤其当你是寻求稳定的伴侣过安稳的小日子的人，懂得平平淡淡才是真，看透了或者本就不屑感情世界中镜中花般的暧昧与虚荣的追逐与被追逐，那么我们对爱情的终极追求就是稳定的婚姻，而稳定的婚姻也恰恰是一个男人所能给女人的终级爱的承诺。”世间女子，矫情容易理性难。谁不是踩着小女子，伤春悲秋、吟风弄月、为赋新辞强说愁的尾巴，才修得一份大女人坦荡的通透。

她说自己是个感性的冷眼人。“这个世界上最残酷的事情是那些比你优秀的人却比你努力。所以相对不优秀的她为了变得更好，付出了更多格外的努力，更知道努力的成本，所以更懂得珍惜自己，更懂得呵护自己，更懂得给自己一个圆满。”其实这就是暖。冷眼抽离的客观，因为感性而有温度。

我愿意相信，写字的人，大多早熟、早慧，又多愁、多思，也更自省、自持。

甜甜和我一样，是个朝九晚五上班的非职业作者。在80后的成长经历中，孤独，如影相随。我们赤手空拳，独自应对梦想与现实的夹击。

文字对我们来说，就像身体之外的另一只臂膀，平复着我们与这个世界的关系。也是生活的另一个出口，让我们沉心静气，去触碰和开启一种全新的可能。

写作从来都是一场一个人的修行。是夜里自己与自己的对话，是风中自己看自己的影子。

这份感知，便是岁月给予的宽厚和慈悲。

“学会与孤独共处，寂寞是人生常态。”甜甜这样写。

这个说自己是矛盾综合体的姑娘，看穿而不悲凉，清醒却不冷漠，痛过依然深情。

文字是她心里必须流淌的河，无声奔腾。岁月庄严沉静，情感热辣丰盈。在一点点探寻、思考，深入、求索之间，最终看清生命的脉络。

也许我们最终渴望的生活，不过是岁月推移、红尘磨砺之中，依然保有一颗玲珑剔透的赤子心，在纷扰迷离、飞短流长之外，仍对这世界充满善念，期盼惊喜，在品尝了苦涩辛酸之后，仍有由衷的笑意与欢颜。

这本书里，有你的，我的，那些想过却还未说的、没写却走了心的话，也有未尽青春和未竟缘分里，属于你我的甜秘密。

李爱玲

目 录

第一章

成长

1、美少女壮士的变身之路

总是有妹子问我要不要狠下决心去减肥，抑或一直在减肥却从未成功过是什么原因。

几乎所有80后和90后的女生心目中都有个瑰丽的梦想，叫作美少女战士。在大部分未经审美启迪的小女孩的童年记忆中，每当那五个美轮美奂的姑娘挺着纤细的腰肢华丽丽地变身为正义的美少女战士惩恶锄奸,为保护地球的和平而战的音乐响起的时候,仿佛自己也置身动画片中,给了自己人生一个正义的交代。

我对《美少女战士》的热爱一直延续到高中。只可惜从那个时候起，青春期的发育和学习的压力让我成了一个地地道道的胖子。等到上了大学，经济自主起来，手头宽裕不少以后，首先没有委屈的就是自己的胃。

学校附近，方圆五千米之内的各种甜点铺里的招牌商品，我一个月之内便了如指掌。如果你拿学校三个食堂每个窗口的招牌菜问我，一定不会问错人。因为滑档去了不理想的普通二本的事，更是让要强的我时不时心塞不已，内心的空虚愤懑让胡吃海塞有了发泄的合理理由。

我开始喜欢以及偏好起宽松舒适的服装，之前是因为根正苗红的应试教育大环境，之后是因为我日益壮硕的腰肢。我申请的那个网名也调侃般地从“美少女战士”改成“美少女壮士”。

审美意识已经在我脑海里茁壮成长，所以我发现我照镜子的时候并不开心，尤其是和室友一起逛街买衣服的时候，人家只是忙着选择自己喜欢的服装扮靓，而我却祈祷着能遇到一件能穿得上去的、比例看起来不错的衣服遮体。人家那是挑衣服，我这是衣服挑人。和别人合影的时候，我会发现靠前站显脸大，往后站还显脸大，对排站一样大。甚至发型，扎起头发来显脸大，披下来脸还是大……

那段时间我做的最自欺欺人的事儿就是称体重。学校里没有体重秤，我便在学校附近有体重秤的药店秤。称体重的时候，我会掏出手机钱包钥匙，解开皮带最大限度地脱掉外套，但是数字依然无情地打击着我。

假期带着升级的体重和硕大的脸庞回到家，一向疼爱我的母亲暗示我该减肥了，但是被奶奶挡了回去。奶奶认为我这样的体重白白胖胖才称得上美。但是奶奶言过其实的赞美，在我看来并不受用，因为我一直怀疑奶奶对美的标准是以年画上抱着鱼的胖娃娃为参考的。也许我是很美，是个很美的美少女，只是生错了审美的年代。

我发现因为肥胖自己变得暴躁和易怒，而暴躁和易怒还是源自对自我形象的否定和不自信。最明显的例子就是，我变得不再爱说话并且惧怕当众发言，因为无论我有多好的点子、多棒的思路，我都自卑于自己的形象而不愿意表达。

比起自我表达、自我展示，我更倾向于淹没在人群中，默默无闻。本应读万卷书行万里路的时候，我却自甘平庸地躲在寝室，成就着自己的堕落与自卑而内心越发空虚，而填补空虚的唯一方式，就是再吃一包薯片。

周而复始。

我那个时候不是没有想过减肥，但是我发现减肥绝对是世界上最有挑战性的事情之一，因为实在太容易三天打鱼两天晒网了。胖人的胃口一旦打开，覆水难收，一日三餐哪顿不吃都会对接下来的时段造成灾难性的影响。

有人说最好不吃晚饭，于是我便饿得长夜漫漫无心睡眠，或者正餐不吃零食来补，结果总是不吃不吃八大碗，一顿没少吃反而吃得更多。然后，还自暴自弃地自我安慰：吃饱了才有力气减肥。

这种恶性循环造成的心理压力和心理负担让我心里充满了负罪感，这种负罪感只会转化成对自己更深层的嫌恶和自卑。看着电脑里放映的《美少女战士》，我一次又一次地败给了自己的惰性与自甘堕落。

转折发生在大一的下半学期。我用“美少女壮士”的名号在学校的论坛里发表过一些帖子，当时居然还颇受欢迎，上天居然还给了我一次验证“男生会不会因为内在而喜欢一个女生”的机会。

那个在线上和我交流愉快无比的男生当然不知道我是现实中真正的“壮士”，他也许在自己脑海中凭空想象出了一个同我语言风格相吻合的女神，然后满怀期待，希望同他想象中的那个“女神”见上一面。

我一直不好意思戳穿他的美梦，但是看着自己壮硕的腰肢也是无可奈何，所以一直拒绝见面。直到有一天这个男生守在我们宿舍楼门口坚决要求见面，为了不造成更大的混乱，我只好亲自出现准备毁灭他的美梦。尽管如我所料，但是我依旧不能忘记他错愕的眼神和郁闷不已的表情，还有那句不知道算不算道歉的对不起。我想我大概用人生去亲身实践了一次，见光死。

要怪只能怪我的思想太美丽，耀眼得让我壮硕的躯体自惭形秽。

再多可有可无的决心都抵不过对一个少女的自尊心来一次彻底的爆破所带给她的冲击剧烈。在情感上彻底被否定一次，你一直下不了的决心，你一直减不下去的肥，你一直以来的自甘堕落，在那一刻齐刷刷地一个接一个地给了你几个响亮的巴掌，让你的身心火辣辣地疼痛，无地自容。

放纵和堕落总是要付出代价的，我逞得一时之快带来的后果就是，我不对自己狠，现实就对我更狠。不仅衣服可以挑我，感情上我也只能被动着等着别人来决定要不要挑我。自己不对自己狠，只能等着别人对我更狠。这种赤裸裸的现实让一向自甘堕落、惰性成瘾的我如同被当头泼了一盆凉水。

冷静下来后，我开始自我反省：是时候给自己一个交代了。

减肥，是那段时间自己能给自己的正义交代。憋着这么一口气，我突然有了更多理智和冷酷对待自己的欲望，尤其是“馋”的欲望。其实正常的一日三餐足够满足日常能量的需求，多余的口腹之欲不过是一种贪念。有些贪念不容易满足，而“馋”欲是一个满足起来相对容易的欲望。每当这个满足起来相对容易的欲望袭来的时候，我总是生生想起那几个火辣辣的巴掌，心口隐隐作痛，立刻浇凉水般地灭了这个欲望。很多年以后，我读了那本风靡世界的《断舍离》，才知道这种克制自己对欲望的放纵，是一种“断”行。

我依然记得自己因为虚“饿”而直冒虚汗心慌不已的样子，尤其从别处飘来的那一阵阵饭香味，让你整个人神志恍惚、神情游离。这个时候你会听见你肚子里响起的“咕咕”声，提醒着挣扎的你欲望在呐喊。我迈开沉重的步伐离开这有着饭香味的是非之地，大脑中一片空白。

抑或漫漫长夜，恰恰饥饿来得如此突然让你霎时清醒无比。我闭着眼睛，大脑却飞快地将所有珍藏在心的美食小吃统统过了一遍，充分体会了古人望梅止渴的深层含义，然后在臆想中渐渐沉沉地睡去。

而最最考验减肥人士的是饭桌酒席，设计科学的光影映射在餐桌的食物上，真正色香味俱全地呼唤着你的饕餮之徒的本能。而我只能狠狠地闭起眼自欺欺人，咬着几口蘸酱的黄瓜回忆那句啼笑皆非的“对不起”，来抗拒这人世间的美味。

减肥无非就是少吃多运动。但是摸着自己的良心，在减肥有效性上来说，少吃胜于多运动。

于我而言，饥饿是一种修行，一场精简欲望和克制自我的修行。太阳东升西落，而我的这场修行持续半年多的时候，摸着自己日益突出的下巴和日益纤细出曲线的腰肢，我对那句“对不起”的执念日益淡薄，欣欣向荣的自信日渐丰盈起来。

当有一天你可以身轻如燕地依据自己的喜好而选择自己喜欢的衣服，而自己喜欢的衣服又可以根据自己的喜欢进行搭配，而这身搭配又毫无疑问地增加了你的自信让你更愿意积极表现自我，而你又愿意对这种积极表现自我的方式投入更多的时候，我知道美少女壮士的变身，终于成功了。

恰恰是这种来之不易的合理体重让我加倍珍惜自己，细细计算每大入口的卡路里，对之前喜爱的糕点糖分饮料束之高阁，哪怕这顿多吃上一口，下顿也一定少吃或者不吃以维持饮食摄入的平衡。每天啃食着健康的蔬菜，让我偶尔想起泡芙、薯片的滋味，觉得遥远得已经是一个世纪之前的事情了。每当饭局上有人怂恿我，说着“吃一顿胖不了”的话时，想想之前那些纠结跟煎熬重新回炉的可能性，便立刻浇灭了我萌生出来的念头。

身边人倒是对我的转变不适应，调侃说我懂得克制开始臭美起来。我逗趣道：“哪有，这是天生丽质难自弃！”

虽然不是真正的天生丽质难自弃，但是我深深体会到保持体重对自我认知上积极的反作用力，反过来说就是身材的保持对自我认知上有着事实上的“破窗效应”：越是放纵自己的体重越是有着消极的自我认知和自我评价。

这让我想起自己之前肥胖的时候对自己近乎无底洞式的自卑和自我否定带来的自我排斥，反而让自己在真实面对自我的道路上选择了一再逃避。我第一次体会到“不能控制自己体重的人，何以控制自己的人生”这句话，到底是什么意思。

在这之后，每次听着各式各样的胖姑娘嘟囔、抱怨着自己因为肥胖而不被认可的坎坷人生经历时，我都反问她为什么不去减肥。她说：“你们瘦人真是站着说活不腰疼，白天不懂夜的黑，你以为减肥很容易吗？”

听到这样的回答，我总是觉得要么是她们内心深处没有真正觉得自己胖，要么是现实没有狠狠扇醒她们设置得太低的自尊。真正有底线有自尊的姑娘，绝对不会任凭自己的自尊随意漂流，容忍自己一再处于被动、一再被选择，将自己人生放置在消极、悲观、阴暗的角落而不顾。

很多人说每个胖子都是潜力股，这话不假。因为有了这段炼狱式的减肥经历，以后各种各样煎熬的考试、考研也好，升学、就业也罢，我总是在自己信心不满格的时候激励自己：减肥都挺过来了，还有什么不能克服的？

走上红地毯那天，身边依偎在一起的，依旧是那帮豆腐心刀子嘴的闺蜜姐妹团。在我穿起婚纱的那一刻，看见她们眼神里星星点点的点赞之光，照亮我的白色裙摆。那天一向毒舌的她们仿佛集体在刀子嘴上抹了蜜：天哪，你真美……你现在瘦成这样了，简直是浑然天成的衣服架子……

我笑得灿若桃花。管它恭维还是真心呢，为了这么受用的称赞，我已经努力很久很久了。

2、暗恋这件小事

藤井树的暗恋故事，还记得吗？

柏原崇就是从那部电影，成为国民初恋的。他羞涩却故作镇静地向自己喜欢的同名同姓的女孩打招呼，故意调皮地把纸袋套在正在骑车的她的头上，拿着卷子让她绕着车灯对答案，然后在离开的时候把那本《追忆似水年华》请求她帮忙还回去……当然，很久很久以后女生才发现，这千回百转的表白和那张夹在书里的素描卡片，都隐藏在那些或平常或莫名的琐事中。

很多年后，斯人已逝，往事如烟，幸好，心境，却依然如故。

相比国内现在流行各类青春小说改编的青春影片，动辄校园火拼、爱恨情仇、生离死别、堕胎割腕的各式不虐心不成活的情节，我的青春记忆简单多了。是的，世界上最遥远的距离不是生与死，而是你永远不知道你身后默默关心你的我。而我，也永远不想让你知道。

只是，匆匆的记忆里，有意无意地遇到他的那些瞬间，都凝结在一个定格的时空里：

他喜欢穿深蓝色的外套和白色的T恤；他喜欢沮丧或者无奈的时候

甩手；他瘦瘦的身子骨上略显肥大的牛仔裤总是忽悠忽悠地不合体。他头顶漩涡处总是翘起的几根毛发，让青涩的他总是显不出大人的样子。还有，他有一次拿到卷子闷闷不乐地在教室门口蹙起了眉，呦，他的眉毛有点像蜡笔小新……

暗恋是一场纯真的闷骚，许多遗失的美好流失在指尖。

少年时代的羞涩与懵懂，始终在现实面前麻木而驯服。心里装着那么个人，那么一个美好的人，犹如一座里程碑，映照出渺小的自己。

暗恋如梦了无痕。是的，谈不上开始的小情愫，也谈不上真正的结束。白驹过隙，长大成人后经历过一场又一场，或温和如暖春，或凛冽如寒冬的情感。待到我真正使自己变得成熟后，却发现爱情都有着如梦般的初见，却不一定有着体面的结束的时候，我反而怀念起纯真年代那场不需要交代的暗恋。因为那段无痕的暗恋，只关乎纯真自我的情愫与情怀，不需看透人性，参悟其中的丑恶，也不需要过多地揣摩心思去维持关系上的平衡。不需要悲喜交加地体验缘起缘灭，更不需要自我折磨般地给自己或者他人一个矫正过度的自我反省，去练就一颗看似轻巧实则沉重易碎的玲珑心。而他，始终带着最美好的光环，冰存在最初的那段记忆中。

就像《情书》里的雪地上被冻成标本的冰蜻蜓，随同洁白无声的天地，一起万籁俱寂。

很久很久之后的一天，我们这边的市立博物馆开业了。我和先生兴趣盎然地来到馆前排队等待参观的时候，遇到了成年后的他。我一眼就认出了是他，但是却惘然得如同当头一棒。那个曾经的白衣少年真是抗不过风霜岁月的杀猪刀，真真地向着准中年大叔的方向横向发展了：我看见他脸上的横肉随着他说话时的脸颊蠕动，当年瘦高的身子骨上忽悠忽悠不合体的衣衫尺寸肯定是遮不住他日渐隆起的大肚子，总是翘起的头顶漩涡处的毛发早已被若隐若现的秃顶趋势代替……

但是不知道为什么，我还是一眼就认出他来。

由于我这一直茫然若失地盯着人家看，在他扭头的一瞬，我收回石化的眼神变作空洞，装作麻木地在排队。我突然想起《欲望都市》里凯利千帆过尽后在街角遇到成了孩子爸爸的前任艾登时难挨的慢镜头。也难怪是慢镜头，因为所有女人在这一刻都回不过神来：听见梦幻破灭的声音。

我拍了拍先生，用眼神示意："你说那位是不是有点儿像喜剧演员范伟？"

先生看了看扑哧一笑："真有点儿像！"

我神色凝重地告诉先生："那是我高中时代暗恋过的男神！"

先生仿佛没有经历这么一场啼笑皆非的恍如隔世，还打趣道，"挺好，这是偶遇少女时代的男神，追忆起似水年华了。"

我问："你难道少年时代就没有过一场青春期性质的暗恋？"

先生笑了笑，说："有啊，少年时代的梦中女神，因为一件稀松平常的小事对人家有了好感。明明是一个普通得不能再普通的女孩，但是依旧觉得她皎洁得像天边的月亮，远远不可得。从来都是装作若无其事，从来都是假装漫不经心，却从来没想过有个结果。就是一次自顾自地少年式的暗恋。"

风吹动了远处无垠的湖面，湖面上荡漾起的波纹，犹如少女心底的浅浅涟漪。那个我曾经的中年版的男神已经随同人流消失在茫茫人海中。而我身边的这个他，这个现在进行时，看得见摸得着的实实在在的男神正紧紧牵着我的手用宽厚的臂膀护着我，生怕我和他挤散在博物馆冗长拥挤的人流中。

似水的年华中，我们都曾经是倔强的藤井树。原来，我并不孤单。

"那后来你有没有再见到你的女神？"

"没有。"

"那你还想不想再见到你的女神？"

"不想。"

"为什么？"

"哈哈，不想跟你承受一样的打击。就让记忆中的男神女神们，永远地留在记忆中吧。"

突然有一种想哭的冲动。我忍住发胀的眼眶，顿了顿神。还好，现世安稳，岁月静好。

3、“我穷，就先不谈恋爱了”

（一）

最近在QQ群里讨论一篇热文《对啊，就是因为你穷才分手的》。这篇文章里的男女主人公除了爱情，穷无一物。

他们来到纸醉金迷的上海闯荡，挤在五平方米的蜗居，与十多个人抢卫生间，床板塌了挤在一起。甚至吃面包喝牛奶都变成了奢侈。

最后男主人公因为家庭原因回了老家而同女主人公遗憾分手。故事的结局，被拖成大龄剩女的女主人公听着男主人公在家乡成婚的消息痛哭流涕、心碎不已。

QQ群里一部分人怀疑这个故事的真实性，因为当前虽说竞争激烈，但受过高等教育且不欠高利贷的年轻人所谓的生活窘迫，也不至于像文中那样穷酸成“吃面包喝牛奶都变成了奢侈”，认为这是作者脱离于现实生活的杜撰。另一部分人则感慨当下现实对年轻人的残酷冲击，感慨这个物化社会已让“有情饮水饱”的温情成为一种奢望，再刻骨铭心的感情没有经济基础的支撑，都不过是经不起生活考验的浮云。

这时一个叫作念念的姑娘轻声说了句：“以我自己的亲身经历看，

如果真的这么穷，那就不应该谈恋爱！”

我们一片哑然。然后静静地听着念念讲述自己的故事。

（二）

念念说在她读大三的时候，她遇到了比她大一届的学长，俩人志同道合，一见如故。感情电石火花般地发展，几乎所有人都能从他们眼中看到彼此的倾慕，只等着学长把最后一层纸给捅破。

结果学长退缩了，念念伤心不已。但是念念不甘心，她鼓起勇气主动找到学长，试图寻求一份答案。学长长长地叹了口气说：“其实我的感觉你都懂。我真的特别特别喜欢你。但是，我穷，就先不谈恋爱了。”

念念眼泪唰地流了下来：“你从来没有问过我，就自以为是地想当然。如果我愿意与你同甘共苦呢？”

学长垂头丧气地低下头说：“念念，我是真的喜欢你。如果和一个喜欢的人恋爱，我希望能对那个人有一个最终的交代，这是我的原则。你现在是我高高在上的欲望。如果不克制自己的这个欲望，对你许诺，那就意味着责任。但是现实是，物质的匮乏让我自己现在没有能力满足自己的这个欲望，没有能力承担这个责任。谈恋爱和结婚，没有经济基础就是一座空中楼阁。可我现在却连个哄你开心的银戒指都买不起。力所不能及的事情，勉强只能耽误彼此，空留余恨。”

念念试图最后一次挣扎说：“那，到时候你跟我走，去寻找更多的机会？”

学长摇头说：“太虚妄。”

从此，念念再也没有见过学长。

（三）

念念说她原本关于公平的朴素观念，在她找工作的时候轰然崩塌。“性别歧视”在她正式踏入社会大门的前一步就让她领教了彻骨冰冷。果然如同学长一年前所言，招聘单位赤裸裸地展示着对本专业“男性”的口味偏好。那些年在象牙塔里积累的公理、公式、奖学金，被招聘单位HR的一句“你们这个专业的女生是能在施工现场抡锤子、开挖掘机呢，还是半夜能到荒郊野外工地去做突击检查抢修呢”问得一文不值。

回不去的家乡。念念只能同当初学长所言的那些学姐们一样，去了更大的城市寻求更多的发展机会。

这一站，她选择了深圳。

在深圳，她遇到了同样飘零的阿诚。阿城比学长直白干脆得多，在24岁生日的那个惊喜连连的烛光晚餐后，念念做了阿城的女朋友。

熙熙攘攘的街头，黑压压的人群，一眼看不到尽头。那些在深圳追梦的年轻人，每天都有地铁加公交一个半小时的通勤路程，挣着连一间厕所都买不起的薪水，抱着一丝突兀的梦想苟且地活着。路边闪烁的霓虹灯渐行渐远，流光溢彩得有些虚妄并且不真实。念念想起一句话：这个世界多你一个不嫌多，少你一个地球明天照样转动。

浑浑噩噩地拖着俱疲的身心，回到那个类似城中村的小区里同其他人分租的一间房，多买些果蔬尽可能地变着花样改善一下伙食。吃过饭，她洗洗刷刷后开始看韩剧，他则坐在一旁打游戏。周末的时候，俩人互相对着各自的电脑，一过就是一天。

重复的日子麻木地过着，转眼就是三年。

（四）

过了27周岁生日，念念开始渴望安定。她对阿城说："我们以后在深圳定下来吧。孩子以后还要上学，所以我们在深圳买房吧。"

阿城避开了念念的眼神，嘟囔着说："深圳的房价逆天啊，哪里有那么多钱……"

念念拿出来早就算好的账单说："我们可以按揭啊，付首付，然后再一步一步慢慢来。"

阿城的口气突然变得不耐烦："你怎么这么幼稚？现在的日子过得不是挺好吗，干吗瞎折腾？"

念念继续妥协说："那我们离开深圳回你们老家，那里生存成本没有深圳这么沉重。”

阿城几乎是恼羞成怒，他冲着念念大声吼道：“那里根本没有就业机会，我回去能干什么？你能不能不要再闹了！”

这三年多的相依为命，他从来不主动给念念一个结果，一直极力强调维持现状：即保持不定居、不买房、不领证的恋人同居关系。

同所有在底层拼搏的年轻人一样，他支付不起定居在这个城市的物质代价，但却离不开这个城市赋予他的生存机会。他需要她的陪伴、她的滋润、她的付出，但是承诺一生，让他感到空前的压力与烦躁。他也想过在这个城市里奋力拼搏，但是残酷的竞争与冰冷的现实让他习惯于偏安一隅，然后将头埋进沙土里唉声叹气。

他不是不懂念念真正想要什么，而是一直在极力回避她的期望。他不是不知道维持现状对一个年纪渐长的姑娘意味着什么，但是他更爱他自己：他需要一个可以暖床的性伴侣，需要一个知冷知热的免费保姆。

他只是贪心而已，支付不起自己的欲望却不想放弃贪婪的权利，同时缺乏面对婚姻责任的勇气，转而将生存的压力与紧迫转嫁在他人身上以逃避现实。

心田匮乏的男人如果物质上也匮乏，贪婪与自私的一面便会暴露无遗。

念念心如死灰，冷冷地念道："既然你这么穷，干吗还要谈恋爱？"

（五）

念念曾经鄙视了学长很久很久。她觉得他就是一个懦夫，缺乏魄力与勇气，难怪向现实妥协安于现状。

但是现在看来，学长只是比她和阿城有自知之明得更早更通透。

比起感情里的情深义重，现实的窘迫可以轻易地将两个人的耐心消磨殆尽，将对彼此的期待变质成对方眼中的负担。力所不能及的事情，勉强只能耽误彼此，空留余恨。最后的最后，连最初的美好都不复存在。

后来，在校友群里念念又遇到了学长，加了彼此的QQ，双方又聊了几句。

学长："你最近什么情况？"

念念："刚刚分手，目前单身。现在在深圳飘着呢，你呢？"

学长："还在原单位混着，小有了一些积蓄在家里付了首付买了房子。现在正在马不停蹄地相亲中……"

念念："学长还是这么克制啊。终于开始要认真地开始谈恋爱了吗？"

学长："嗯，有点财大气粗的感觉了呢。其实，有机会你可以来我这边看看的，我全程接待，吃、喝、玩全包……"

（六）

念念对我们说："有意思的是，我看到那篇《对啊，就是因为你穷才分手的》的时候，正好和女主人公一样，28 岁。"

我们问："那你最后去了学长那里了吗？"

"没有。学长人是很好，但是这么多年过去了，我自己也变了，再也变回不去了。"

"那最后阿城呢？"

"跟阿城分手后，彻底断了联系。后来听共同的朋友说，阿城还是那副老样子。不过阿城新交了个不错的女朋友，并同居在一起。那个姑娘天天三点一线奔波于公司、地铁站还有他们的小窝，每天尽量早早回家给阿城准备晚饭，收拾屋子……"

4、坚强，就是像灰姑娘她后妈一样绽放

很久很久以前，有群喜欢讲故事的老头子，他们总是喜欢设置一帮不愁吃穿心地纯良貌美如花的妙龄少女，然后给她们标配个恶毒的后妈。当然那些后妈一定是心机深厚，冷静克制，为达目的不择手段，却又风姿绰约，充满诱惑。后来那些后妈百般阻挠妙龄少女追寻真爱，设置好重重机关阻止她们的王子追寻真爱。可是最后少女的善良跟王子的执着感动了仙女教母，少女和王子一起努力，最后战胜了后妈，从此幸福地生活在一起。

可是我等比杉菜还平平的姿色，霸道总裁不会看上我们，仙女教母从天而降的概率比天上掉核桃仁馅饼砸到我的概率还小，王子也不会在为难的时候来得恰到好处英雄救美。但是人生的考验不会就此放过我们，反而来得很是凛冽。

前些日子，我见到萱，她的眼睛最近总是肿的。我问她怎么回事儿，她说熬夜写幻灯片写得眼睛都快瞎了。当时她接手了公司的技术材料的撰写，用她的话说就是，天天没日没夜地提取数据分析、数据画图、写汇报材料，日夜颠倒，黑白不分。她告诉我，公司没有人愿意接这个活儿，

太考验人，太有技术含量，眼界也得高远，不少人被领导指派这项工作的时候都是三句话，我不会做，我做不来，我不想做。结果这活落在她身上，因为领导说了，你们都不写，难道让我写？

没有办法，从头学起。很多概念以及画图的技术你永远别想从学校的书本上学到，但是明天会议的PPT上不但内容要有血有肉，而且现实性剖析前瞻性瞭望一个不能少，最后做技术性总结。很多新东西需要你一夜之内消化透彻，然后像一个技术老手般行云流水地协调贯通。很可能昨晚熬夜做出的文案因为数据实时更新全部重做，抑或领导思维跳跃直接不通过。于是萱彻夜灯火，如临高考般战斗。文科生出身的萱经常被折磨得几尽崩溃，压力大到边做文案，边不自觉地流出眼泪。但是她咬牙不肯说放弃。她说，在打击中总结，在挫折中成长。

她的王子这时候没有乘着七彩祥云来拯救她于水火之中。萱学生时代说她最痛恨的一种行为就是在对方考试前夕说分手，因为这种不管不顾别人死活的人都是自私的人。结果她对自己的这段恋情一语成谶。萱的男友M在这个时候跟她打电话，我妈还是不同意咱俩，我实在受不了压力，她是我亲妈，我总不能气死她吧，我们还是，分手吧。

萱跟M恋爱八年，贯穿一个女人人生最美好最青春的八年。青葱的学生时代结束后，俩人工作开始步入现实涉及谈婚论嫁。M回家跟他妈妈提出此事后遭到强烈反对。M母亲寡居半生，一辈子所有的牵挂就是儿子。当初儿子大学时代就谈了女友，也就是萱，M母亲觉得儿子一个人孤身在省城有人陪不吃亏就答应了。后来研究生毕业，M母亲强烈要求M回家乡工作，拗不过母亲的M回家按部就班地上班、下班，留下萱一个人在省城。M表示尽力协调争取萱也到他所在的城市落脚。萱便开始着手去M家乡的事儿，尽心尽力投简历。岂料M妈一听说萱要来，突然寻死觅活用各种理由反对，她这么辛苦带大的儿子怎么能让一个女人轻易抢去。

之后便是各种拉锯战，用萱的话说就是，我不怕跟你吃苦，但是我怕你的不坚定。M从小失去父亲，他的陪伴就是母亲的所有，纵使M妈这种怕分离的心态有些变态，但是老太太却振振有词。M从小都是妈妈的好儿子，对母亲只得唯命是从但是又舍不得无辜的萱，所以态度总是反反复复。萱也是诸多不舍，但是也是经常被虐得泪水涟涟。

这不，这次M又在萱工作奋战的关键时刻打来电话提分手。萱当时忙到焦头烂额，接到分手电话，当头一棒后觉得整个世界都安静了。萱强作镇静对M说，我正在工作很忙很累，你别闹。M说，我意已决，就是告诉你一声。萱后来说那种感觉，就像你正在竭尽全力挑战整个世界，他却在你背后反刺一刀。萱说，我那个时候工作心态紧张甚于考试，身心俱疲。他却在这个时候跟我提分手，真是世界上最不人道的提分手时间。那度秒如年的时针嘀嗒嘀嗒地转动，连呼吸都变得沉重、痛苦。灰姑娘的母亲不是说要坚强和勇敢，仁慈和善良，就会有好运么，这时候我的王子在落井下石，我的仙女教母却在睡觉吗？

童话里的美少女，需要做的永远只是无原则的善良和被动的等待，对坎坷命运毫无抵抗地逆来顺受和唯唯诺诺，却始终有外挂帮她开道，王子为她收尾。而现实中的美少女，仙女教母永远不但不会凭空降临，王子还可能关键时刻反戈一击。

看着闪烁的显示屏，萱突然觉得，工作这事儿只要你尽心尽力，一分耕耘一分收获，它终将对你的努力与付出有实在的回报。而感情不是一个人的努力就能有同比例回报的事儿，双方的心灵共振大于一个人的徒劳努力。现在如果屈服于情绪崩溃，只会让自己工作感情两手空，退到最后无路可退。萱说她那个时候不知怎的突然想到了凯特布兰切特演的灰姑娘的后妈。这位孀妇经历了失去、悲恸和心碎而变得现实、目标明确、积极主动，从来未放弃过改变自身命运的权利。她曾经对灰姑娘说，现实不把你逼到那一步，你永远不会学会为自己争取。原来这个世界原本就没有什么救世主，真正的救世主能且只能是，你自己。突然，绝望终止。

于是萱在沉默许久后，迅速平静一下情绪，灰姑娘后妈般冷静克制地对M说，“那就分手吧，请你以后不要再打电话来。”然后挂掉。萱的冷静出乎M的意料，原本M还在想怎么应对萱的苦苦哀求，萱却这般冷静而决绝。这时候反倒是M慌了，一遍遍拨萱的电话，却被挂断，拖入黑名单。萱深深地呼吸一口气，埋头工作。

原来，坚强，就是像灰姑娘她后妈一样绽放。

在讲述这段经历时，萱平静地就像讲述别人的故事一样，没有悲喜，平静却坦然。她说："你知道吗，童话里面最后都是美少女得到幸福，但是现实里幸福的肯定是后妈！关键时刻，王子只会自顾不暇，仙女教母这种外挂，不好意思只是传说，唯独靠得住的只有自己。连好莱坞那帮人都不好意思欺骗观众，你看那帮后妈们，牢牢将命运的绳索牵在自己手里，没点镇得住气场的抗压性和不屈服于命运的野心气质，导演都不好意思往台面上摆。无论灰姑娘她后妈还是白雪公主她后妈，哪个不是气宇轩昂、风华绝代的人生赢家奥斯卡影后去镇场！"

我咽了口咖啡说，"照你这说法，老格林们得气死。"

萱哈哈大笑，那是写童话的安抚别人的。真想活出自己的童话，还真得像灰姑娘她后妈一样绽放。

5、曾经沧海难为水后又怎样

中学学古诗的时候，这句“曾经沧海难为水”意境满满，纵使那时候我还是情窦未开的小屁孩，依旧对诗中因求不得的错过，而再难心潮澎湃从此心如死灰的绝望感同身受。诗句带给我动态的意境感受如同画面一般真实，就像冰透的泉水侵入心脏，霎时冻住心脏的跳跃，世界从此戛然而止，因为失去，从此不再精彩。

后来，这句“曾经沧海难为水”有了更通俗的说法，叫“再也不会爱了”。

我恰恰见过很多跟我说“再也不会爱了”的人们。

表弟就是在那个冬天遭遇初恋的离开。他还在遥远的地方驻守边疆的时候，收到了女孩的分手信。站在冰天雪地的戈壁滩上，西北风呼呼地刮着，表弟捧着信呜呜地哭了。表弟开始自责，太多的追悔莫及与悔不当初，自责他以前在俩人吵架时不该任性地留下女孩一个人在大街上然后自己气愤地离开，自责他应该在当兵前几天多陪陪她而不是跟一帮兄弟胡吃海塞后还埋怨她太粘人，自责他应该更勤快地写信给她给予她更多的关怀而不是将就应付草草了事……一个晚一步成熟使男孩子开始反省自己在一段青葱岁月里的感情中的自负与懒散。表弟说，再也不会有这么一个姑娘对他倾其所有地投入与温柔体贴地包容了，心灵没有了归宿，就再也不会爱了。

心碎于此的，还有蓉蓉，一个大学毕业就背井离乡投奔爱情的姑娘。纵使每天上班来去匆匆也不忘照顾好男友，纵使里里外外家务全包厨艺日渐增长，纵使性格温婉平和甚至有些逆来顺受，蓉蓉等来的依然不是求婚而是分手。男友的分手理由信手拈来，这次是性格不合，下次是父母不同意，下下次是经济基础不够结婚的标准，这些理由来来回回关系逐层递进。蓉蓉明白这些冠冕堂皇的理由下边的本质不过就是不爱了。坐在床上整理东西的时候，蓉蓉就在想，情感世界里的付出跟回报绝对不成正比，无怨无悔地付出也不是所有的人都懂得珍惜与感恩。蓉蓉说，这个世界这么大，却没有一个肯珍惜你的付出的人，她再也不会爱了。

说不会再爱的还有子苓，这位魅力非凡性格鲜明的文艺女青年，大学时代就有“才女”之称。可能是女文青注定情路坎坷，傲娇乖戾的她，拒绝了一路温暾的暖心少年和向荣的热血正太，偏偏喜欢一位有妇之夫。这位已婚大叔霸道的温柔击中了子苓从小父爱缺失的痛点，于是大喜大悲、迂迂回回、曲曲折折的儿女情长自然少不了，可这对子苓仿佛是一记上瘾的毒品，欲罢不能。这段孽缘终于在对方妻子冷不防地提出协议离婚，大叔不能放弃婚姻中各种羁绊在一起的现实利益而作罢。子苓的各种血淋淋的自虐没有得到大叔丝毫同情更别说回头。子苓也说，这一次花光了所有爱的力气，伤及灵魂，此生都不会再爱。

他们都说再也不会爱了，因为曾经沧海难为水，因为除却巫山不是云。

无论年少时的心无杂念的初恋，还是付诸一切的爱恋，还是瘾如罂粟的虐恋，所有人都在失恋的刹那心如刀割，痛不能寐，连呼吸都是痛。

一段已逝的情感，渐行渐远消失不见的恋人，带走的不仅仅是倾注着信赖与依赖的陪伴，还有自己对自己的肯定。是的，一夜之间，所有的骄傲与自我肯定，顷刻瓦解，所有无数心碎的人都在追问，我的努力到底是为了什么，我的执着到底是为了什么，我当初到底选择了什么！

离开的恋人仿佛就是否定的答案，那个曾经给予自己快乐时光与肯定的同伴，那个曾经花了那么久建立默契与共同点的同伴，给了否定的答案。于是没了继续振作的勇气与理由。因为觉得自己再也没有勇气去像当初那么勇敢，像当初那么决绝地去交付，去奢望再遇到那么一个人，去相信还有多余的力气探测到一个人身上让你惊喜的共性，去培育和维护一份千金不换的默契。所以他们说，曾经沧海难为水。

曾经沧海难为水后又怎样？

表弟后来又恋爱了，朋友圈里、ＱＱ空间里到处都是笑得春意满满的照片。那个因为失恋而抑郁许久的男孩，在半年之后又满血复活。这一次他已不是那个任性的少年，上一次的恋爱让他学会收敛与付出，于是那个在他臂膀里的姑娘总是为自己遇到这么一个宽厚与包容的男孩而感动不已。表弟笑笑不语，眼圈却红了，想想自己曾经的乖戾与挥霍，连忙摆手擦泪，珍惜是福，珍惜是福。那个曾经任性与懒散的小男孩，在一次失去的炼狱之后变得柔软通透，因为责任与包容，心有了寄托的地方。

蓉蓉当了母亲，在学会更多地爱自己之后结婚生子，生活幸福。蓉蓉依然保持着内在本纯的善良，却知晓了“爱己者，人恒爱之”的道理。后来的蓉蓉明白了并不是一味无条件地付出就会得到等比例的回报，她在之后的爱情里不再无条件地牺牲，因为她知道维系感情不是一个人的独角戏。在遇到一个同样善良的男孩后，被他一步一步为建立自己的小家而实实在在地努力与付出感动，于是决定携手一生。所以现在蓉蓉家最常见到的情景是，妈妈做饭爸爸带宝宝，然后全家其乐融融一起吃晚餐。

上次花光力气不会再爱的子苓，在一段与世隔绝的消沉之后也慢慢地踏上相亲路。我打趣地问她，你不是说你不会再爱了么。她脸色一红又恢复了女王骄傲的本性，一挑眉，清清嗓子假愠：“谁说的，那次不过是我爱错人了。谁说爱错一次人就得一辈子守活寡！江湖里那么多花样美男还等着我去慢慢挑呢！这次我一定得慎重选择，不能错爱！”

我从不相信这些年轻的人们会真的“再也不会爱了”。纵使我们都知道爱的阴面总会有伤害，人类本能对爱的渴望、对爱的分享和爱本身太过强大的美好依然让我们在纠结犹豫痛苦辗转之后，对爱的追求趋之若鹜。我们害怕被伤害，我们释放着伤害，我们治愈着伤害，我们原谅了伤害，我们忘记了伤害。无数的胆怯与怀疑之后，我们颤抖着勇敢着，庆幸我们不是因噎废食的懦夫。

纵使这个世界有黑暗与自私的一面存在，但是这个世界每天依旧太精彩太美好，人生的下一个拐角总会有着出其不意的惊喜，上帝总是把最好的留在最后。而他老人家总是在让我们遇到最好的之前，要我们通过伤害与被伤害，摔倒与陷阱，纠结与醒悟，让我们变得更好更强大。强大到能有为之匹配的能力，为之把握的心态，为之守护的本领，为之追求的勇气，去呵护属于我们的幸福，来配得上我们所拥有的最好。

终有弱水替沧海，再把相思寄巫山。

看吧，那些宣称再也不会爱的人们，不但没有真的不再爱，反而爱得比谁都投入，都积极，都热烈。痛定思痛之后，时间消弭了伤口，治愈了创伤，更新了历练。这些人们在否定与失落中学会了包容，学会了珍视自我，学会了怎样去爱，怎样去平衡，怎样去抉择。

我一直相信善良的人总会有不灭的志气，他们不但没有在被否定的经历黯淡下去，反而在被否定的过程中悟出爱的新境界。那份曾经的否定带来的自我反省，带给了他们新生，所有的经历因为成长与幸福而有了交代，所有的经历都有着它本身的价值和意义，尽管他们之前是那么心如死灰绝望无边，可终究他们还是又开心地爱了。

曾经沧海难为水，曾经沧海又为水。

6、凡是让你有执念的人，最终必不同路

凡是让你有执念的人，最终必不同路。这是我最近的感悟。

爱情也好，友情也罢，都讲究的是个“缘”字。缘是什么，是因果。因是你自身在客观环境下经历与成长形成的三观、气场、磁场，是你给自己设置人际关系的契合口；果就是你与他人之间的契合口是否合得上。

合拍的关系，总会因为合适的契合口而一拍即合，虽然肯定需要磨合，但是大的立场三观相近，磁场彼此都包容接纳对方，所以双方都不会在沟通的路上设防，小的摩擦，还是会因为彼此留有畅通的沟通之路而化解。

不合拍的关系，本身就是因为三观上的差异而产生不同的认知而无法咬合，磁场相斥。并非你努力就能改变对方或者自己业已形成的契合口，这时候因为感性而去主观希望通过改变对方或者自己契合口所做的努力，就叫执念。执念，不过是丢了自我而已。

那些不在沟通的道路上设防的人们，终究点亮归航的灯塔不会让我们迷路，因为不会迷失，所以不会有因为迷茫而近乎抓狂的执念，不会因为执念而耗尽心力，不会因为执念而丧失自我，这样的关系，舒服简单，和谐美满，平淡持久。舒服的关系没有歇斯底里。

所以，当你因为执念而抓狂不已的时候，停下来想想，是你想改变自己的契合口而丧失自我，还是痴心妄想他人去颠覆人家本来固有的三观。比如人家觉得聊骚暧昧不是事儿，你却一心只想三千弱水取一瓢；人家觉得性格不合适父母不同意，你却一个劲儿地改改改……改得自己面目全非使劲儿委曲求全；相亲的哥哥，何时结婚，你始终苦恼找不到话题令他闷骚不已，也许只不过人家就没给你敞开沟通之路。失衡的执念造就重重怨偶，佳偶天成的关系都是水到渠成。

最长不过执念。

缘在天定，分在人为。天定的缘不过是有那么个契机让我们遇到，人为的分就是在遇到友好的你、亲爱的你之前我已经形成的那个契合口。有催化效果的，不过是遇见你的时候，我是否还有真诚相待的勇气。

凡是让你有执念的人，最终必不同路。

尊重他人，亲疏随缘，留去自由，不送不念。

7、爱己者，人恒爱之

萌萌是一个在我看来非常优秀的姑娘，读书的时候一路披荆斩棘，毕业于国内常青藤大学之一，然后德国留学镀金之后回到北京，在一家央企做策划。她年纪轻轻却精明强干，凭借巾帼不让须眉的拼劲儿，全凭一己之力落户北京。抛开这些身外物，萌萌人儿长得也是灵巧秀丽，琴棋书画样样精通，平时也是喜欢摆文弄墨文采风扬。可是她却说自己很自卑，心里始终像被抽空一般，始终无法真正地认可自己。

萌萌说起了自己的童年，受传统思维的辐射父母更偏向将物质资源和精神资源投向家中的男丁弟弟，从小忽略了她作为女孩子柔弱需要呵护的一面。萌萌明明羡慕邻居家总是打扮得很可爱的姐姐怀里抱着洋娃娃，可是她的父母过于强调生活要克勤克俭很少买洋娃娃之类属于女孩子的玩具给她，也不会在穿戴上给她宽裕的投资让她认同作为女孩子的属性，当她因为委屈的时候想跟父母撒娇，父母总会呵斥她去罚站反省自己。

于是，为了得到父母更多的认同，萌萌拼命听话，拼命乖巧，拼命努力地学习，希望重男轻女的父母可以从弟弟身上多分一些注意力给自己。可是相比对弟弟特别的宠爱，父母始终对她这个家里的女孩子态度不咸不淡，让她伤心不已。这让萌萌对自己的性别很是自卑跟厌弃。

从来富贵多淑女，自古纨绔少伟男。可是，萌萌家却反了过来。弟弟倒是被“富养”起来，萌萌从小被当成男孩子“穷养”，这样的“穷养”让她不仅在情感表达上不占据优势，而且忽视自己作为女性的天然属性。等到成人以后，萌萌自身的天然性别属性会同从小被灌输的意识相互矛盾，从小养成的“女汉子”性格在择偶道路上重重受挫。同职场上一同起步的男性“硬碰硬”拼实力总是欠缺那么点儿“运气”。萌萌被教育着不接受自己的性别甚至为自己的性别而感到自卑，然后被要求按照世俗的性别定义甚至超越世俗的性别定义来衡量成功与幸福。

就像我们一直念叨的那样，从来富贵多淑女，女儿一定要富养。因为只有“富养”出来的女儿才是真正恬静淡然大方的淑女。“富养”不一定是单纯在物质上对女孩投入，更多的是对女孩精神上的认可和支持。这份认可会支撑她在今后的岁月中无论面对怎样的挑战，都有一颗厚重的自信心和高贵的淑女风范，独立并拥有主见，她拥有满满的幸福感而不会轻易妄自菲薄。不要抱怨父母，相信他们已经竭尽所能给了他们认为最好的给自己的女儿，可是因为观念原因或者其他主客观原因，不是所有的女孩都有幸被真正地“富养”。

所以我对萌萌说，如果不能被父母富养，那就从现在开始富养自己！

富养自己，就是任何时候，都不要轻易否定自己的属性。人生在世，谁都会离开你，只有自己不会背叛自己并陪伴自己到终点。如果自己都不能接受并肯定自己，那才是对自己最彻底的厌弃。舍本逐末、忘却女性的温婉，非要逞强和男人一样，逆势而为，反而是一种轻视自己的自卑与懦弱。就像苹果明明就是苹果，干吗非要费力不讨好地让自己有橙子的味道。

我们可以尽情品味享受作为女性的性别优势和性别芬芳。我们有千变万化的权利。我们可以端庄如奥黛丽·赫本，性感如玛丽莲·梦露，华丽如伊丽莎白·泰勒，或者癫狂如LADY GAGA，但总有一种适合自己。女生呢，在悲伤的时候可以尽情哭泣而不会被认为懦弱，可以尽情享受美丽摆弄瓶瓶罐罐而不会被说变态，可以尽情烹饪、尽情运动、尽情插花而被公认是有品位，可以尽情经历一切美丽的可能。而女儿、妻子、母亲的身份转化会让我们的成长更坚韧、更坚实。这是一场修行，是一场滴水穿石的修行，在从容享受自己性别的同时，也在升华自己、爱自己。

记住，要从里到外给自己最好的呵护，珍守那份女性对美丽事物的本能的追求。给自己买好的内衣，买好的护肤品、化妆品，穿有质感的外套。要知道化妆品和衣服对于女性而言绝对不是肤浅的装饰，而是我们的战场装备，它们带给我们的满足感绝不仅仅是虚有其表，它们带给我们的满足会从外而内滋养着女性的自信与从容。还有，纵使只是偶尔翻翻杂志都不要放弃读书。读书作为性价比最高的知识投资，会带给我们截然不同的气质、眼神与境界眼光，收获的不仅仅是女人对自身命运的改变，还有对自己今后家庭与后代的恩惠。知识和阅历的沉淀会让你在今后的岁月中反省自己的道路，将岁月的流逝转化为进步与成长。然后拿出一笔积蓄，带着行李，去见识这个大千世界，去看这个世界有多广阔，去看这个世界有多丰富，去看这个世界有多美丽，去看这个世界有多现实！这些在他人看来或烧钱或肤浅的投资，会让我们的视野跟思维更高、更远、更开阔、更有格局，从容面对一切挑战，去享受作为女性的一切可能，而不是每天仅仅拘泥于东家长西家短的井底，徒增狭隘和浅薄。

再者，我们一定要学会温和地坚定，始终保持女孩子的骄傲与独立。一个有傲骨的淑女，是绝不能在感情里委屈迁就的。许多原生家庭的亲子教育观念的落后，对女孩子的“不甚富养”的教养方式，让很多原本应该自信的姑娘在情感上缺乏该有的自我诉求和自我保护。很多女孩子在情感上无底线的妥协，将自己作为女子矜贵的自尊与骄傲于不顾而过于投入一份不合适自己的感情，其实都源于女孩子的自卑而需要在感情的世界里被肯定、被认同。而大多数在情感上遭遇困惑的女孩子因为童年时期的物质或者精神上的“穷养”，让她们容易轻易看低自己从而将自己底线放低，所以豆瓣天涯不乏情感迷茫而自我矫枉过正和反省过度的女生。任何持久平衡的情感都讲究势均力敌、棋逢对手，不要拿爱作为懦弱的借口而轻易将自己的命运交由别人去任意践踏。所以我们在对感情报以认真敬畏态度的同时，请在情感中富养自己，而非在感情里屈从。

不轻易被别人消耗，不轻易被感性迷惑，不依赖别人的认同，执着淡然地守护着自己的自信，保持着淑女的傲骨，不念过去，不惧将来。不在感情里委屈自己恰恰是对我们自己最大的肯定与认同，是对自己一直努力的珍惜和呵护。

希望亲爱的萌萌和世间所有像萌萌一样善良的女孩儿们，能同这个世界上大部分可爱善良的男孩儿们开心协作。虽然你们的成长经历令倔强又要强的你们多少对男生有一份敌意并产生阴影，但是就客观而言，大部分可爱善良的男孩们还是有许多值得我们学习的地方。比起女生，不能否认他们在客观存在的男权社会，确实占据着某些天生的优势，但是他们大部分人还是勇敢乐观地去承担了社会赋予他们的性别责任。所以你会看到在职场上更辛苦的工作比如体力工种都是男生在做，家庭里养家糊口的主力还是以父亲居多，情场上男生愿意在经济、精神上做更多的承担以便自己爱的人可以不用那么辛苦。而且同感性偏情绪化的女生相比，男生的思维更加偏向理性开阔和讲究灵活运用，这都是值得我们女生学习的地方。

在社会中毕竟男女分工不同，为了相互促进，优势互补，所以“男女搭配，干活不累” 存在合理。与其倔强地带有排斥情绪地去跟自己意念中的假想敌去“斗争”、去“硬碰硬”，不如在职场上学会开心协作共同进步。女生在职场上要取长补短，利用自己的性别优势比如胜于男生的亲和力、表达能力、形象思维能力等，为自己谋取职业上的发展红利。

现在的职场女强人，独立干练却不失温婉的女达人绝对胜于冰冷倔强硬干的女汉子。这些女达人，当她们在职场上拼搏许久疲惫不堪地回到避风港时，那位同她协作一生的先生，会和她在氤氲的灯光中，一起煮饭羹汤，品味人生。我深信，你也终究会遇到那个和你协作一生的男孩。

亲爱的萌萌，我始终相信，岁月给我们的终将都是最好的安排，纵使这过程曲曲折折、迂迂回回。我们恰恰是在这曲折迂回中，艰难地前进，进行着一场自我救赎，救赎着自己曾经的苛刻，救赎着自己曾经的执念，救赎着自己曾经的狭隘，完成成长赋予我们的使命。而在我看来，那个形容女子最美好品格的词语，柔韧，温柔地坚韧，是所有期望美好的女生的共通之处。所以柔韧如你，终将学会用柔韧的方式更体面地去爱惜自己。希望有那么一天，你将会带着满满的幸福感将爱传递下去，充满柔情地富养你未来的小苹果，让她从来都是被世界温柔相待，亦不辜负自己。

爱己者，人恒爱之。

第二章

选　择

1、相亲相爱，相亲也会有真爱

我一直是主张相亲的，尤其当你是寻求稳定的伴侣过安稳的小日子的人，懂得平平淡淡才是真，看透了或者本就不屑感情世界中镜中花般的暧昧与虚荣的追逐与被追逐，那么我们对爱情的终极追求就是稳定的婚姻，而稳定的婚姻也恰恰是一个男人所能给女人的终极爱的承诺。虽然相亲被众多自我评价魅力爆棚的自信青年鄙夷与不屑，但是，走上相亲路上的男女，绝大多数都意指爱的终极承诺——婚姻，比起骗炮、骗爱、骗感情的人而言，能及早认清自己，走上相亲道路的孩子们，态度磊落、目标明确，其实大多数是踏实勤恳的进步青年。

很多时候，相亲虽然看似现实，但是直来直往，效率斐然。相亲的现实同学生时代卿卿我我缠绵悱恻到难舍难分再到后来遭遇到的当头一棒的现实比起来，最多只是不合则散，后者在你付出感情倾尽所有以后让你饱尝冷暖，顷刻天上地下，最后覆水难收。

我之所以建议适龄女青年相亲，是因为相亲有它的优势。比如在没有见面之前可以通过第三方大致了解对方硬件信息和软件信息，尤其硬件上的物质信息（前提是你的媒人靠谱），不仅提高了甄别效率，也避免了直接询问的尴尬，被人贴上物质市侩的不良标签，见面以后直接看眼缘跟细察对方软件信息，有缘则聚无缘则散，少些迂回地试探跟不必要的纠结。

再者，相亲对于那些脸皮薄圈子小的无辜青年们是一个解决单身问题的大好途径，毕竟咱魅力有限，勾引技术欠佳，身边异性木讷，情感经历简单容易被骗，咱还是走简单明了直接有效的路线比较好。无论你多么崇尚真爱，物质基础是一段和美婚姻迈不过的坎儿，比起投入感情以后才发现对方不合适而捶胸顿足，先小人后君子，提前通过媒人大致对对方的经济基础、基本人品有了了解，以后再决定要不要继续交往下去是一种理智的选择，毕竟女人青春短暂，如果你觉得自己年龄不小没多少时日荒废的时候，报以谨慎的态度不为过。毕竟在这种务实的年代，婚姻是女人的第二次投胎，你一辈子幸福的赛点时刻，如同在市场投资，买卖双方信息不对称，你只有尽可能地、高效率地考察了解，才敢有投资的打算，资产就是自己一辈子的幸福，介绍人、媒人如同第三方中介（中介有好坏），为了不让自己的资产（一辈子的幸福）沦落成不可回收的沉没成本，苛刻认真一点儿、不为过。

当然这种实用的思维会被圣母爱好者标记为市侩、物质、精明、算计。那些追寻真爱派，自我感觉魅力派，目前不急着寻求平稳的感情，一心想追求刺激、想寻求存在感的暧昧朦胧的同学可以直接翻页了，不用上纲上线地来找骂，这是写给踏实且寻求稳定感情的小白兔们的。

相亲小贴士

1. 相亲的桥梁最重要！桥梁就是连接你们的中间人，媒人一定要靠谱！媒人的人品、人脉直接决定着你相亲对象的质量！所以，想找到靠谱的对象，麻烦你先选定靠谱的媒人。一般而言，年长善良人脉广的三姑六婆是引荐良人的最佳人选，稳重正直的领导也不错，这些人一般会考虑周到，帮你物色到门当户对人品优良的好人选。其次是比你年长且婚姻幸福、事业稳定的姐姐哥哥们，他们跟我们年龄相差不大，了解我们的内心需求，而且经验比我们丰富，人脉比我们广阔，且更易沟通、更乐于助人。同龄人介绍的朋友、同学需要酌情考虑，尤其是未婚单身的同性介绍的对象，可多花费精力去鉴别，但是能找到良人的就是“好猫”。

2. 量变引起质变，不要灰心！每次总是看到论坛里有各种极品相亲经历直播，然后其作者会感慨累感无爱，不过一个调查研究表明，通过相亲途径寻求真爱平均需要见38个人才能揪出你的那个他来。也就是说，如果第38个人是你的真命，你不见那37个错误的是不会遇到第38个那个正确的，就像一场必须积分的修行，没有可以一蹴而就的捷径，寻求真爱本来就是一件千回百转的事儿。所以每次相亲失败的时候不要灰心，因积分修行告诉你，你离那个正确的越来越近了。

3. 相亲其实就是一次相脸。一般而言，如果通过媒人了解对方的大致硬件信息以后觉得大致合意可以去见面，那么这个见面其实就是一次面试，我们说的看看有没有眼缘，这个眼缘其实就是，相脸，看你长得顺不顺我的眼。相对而言，男生没有女生对对方的物质条件苛刻，大致可以就同意见面。永远不要相信男人“崇尚内在美”的鬼话，相亲见面对女生最残酷的地方就在这里，男生相亲，女生的外表永远放在第一位。所以，姑娘们啊，减肥吧，美容吧，臭美吧，别无他法。如果你相亲失败，男生没有再联系你，在你没有大的性格缺陷或者表现失误的情况下，真相就是，你在他眼里真的真的不够漂亮。你，只能继续加油了。

4. 艳俗的打扮只会扣分。虽然说男人都是只看外表的动物，奔赴相亲的我们必须要适当地装点自己，但是男人眼中的美丽可不是打扮过度的艳俗，而是清清丽丽的大方，淡妆相宜浓妆出局！男生相亲是选择妻子，而不是去猎艳。男生对妻子的要求是端庄大方，对猎艳对象的要求则是性感、妖娆、有个性，所以，收起你的吊带装，抹掉你的黑色指甲油，烫平你的爆炸头吧。穿上你的连衣裙，淑女的高跟鞋，然后淡淡施粉，然后眼线，睫毛膏，唇彩就OK了。

5. 第一次见面的时候，我主张以静制动，让他问，让他说，让他点菜，让他安排。这些“让他”很容易让你观察出他起码的教养、素质和基本性格，虽然了解一个人靠一次见面有点儿牵强，但是多少你可以通过观察看出他的一些性格。如果你对他满意，不用急于表达好感，看着他的眼睛多微笑就可以了，安排下一次见面甚至表白这事，都是男孩子的责任。

6. 当狠则狠，脸皮该厚就厚。有些姑娘总是脸皮薄，想问问人家的情况又不好意思，这真是浪费了相亲的大好优势（优势：直接、直白、有效率），所以该问的就问，不用千回百转地迂回，相亲就是个合则来不合则散的过程，既然选择相亲，就直白、专业点。当然这个“问”也是有技巧的，你实在拉不下脸问他的经济基础问题，可事先在见面前问媒人，负责任的媒人本身牵线前就应该跟你交代清楚这些基本要点的，通过媒人了解到这些基本的条件，既可以对对方有大致了解又可以避免直接询问对方的尴尬。一些敏感务实的问题如果你想从相亲对象那里直接知道，不妨装装可爱，撒撒娇地问出来，比如你想知道对方大致的收入，你可以问他，你是喜欢清闲享受人生但薪水一般的工作呢，还是喜欢有挑战性带来高收入有成就感的工作呢，说说你的工作吧。不过最重要的是对对方软件的考察，包括性格爱好三观等等，这些你可以通过聊天有个简单大致的了解，但是相亲么，谁都想表现出自己最好的一面，你都在装，也就别太苛刻别人了。

7. 合则来不合则散。相亲是一个直白坦率的沟通。所以把你的态度清楚地反馈给对方，切忌给对方模棱两可的回复，暧昧不明只会增加找到真爱的时间与精力。

8. 相信自己的直觉。女人最开始的直觉往往是最准的，所以相亲的时候，多问问自己心里的真实感受。不要勉强，勉强到最后只会害了自己。女人是痴情的动物，很可能一开始不喜欢，但因为交往时间长而投入感情从而失去最初的理智判断。

最后，祝愿大家美满抱得如意郎君归！

2、因为你太在意那一点点温存，所以难免总是你伤心

我一直确信感情世界里很多问题都是有套路的，就像公式一样的套路，只是套在不同人身上而已。

每次大家在以旁观者身份听了一个明显得不能再明显的触犯原则问题（原则问题包括黄赌毒、暧昧出轨、家庭暴力、性无能等）的叙述之后，都劝她放弃这段感情，这时候被劝者的圣母本性在此刻暴露无遗，明明刚说对方如何如何不好，被劝分手之后，她会说，他虽然多么多么不好，但是他对我还是挺好的。

这时候，也就是被大多数旁观者否定其所叙述的坏男人的时候，她总会说一句：但是！

是的，就是这个但是！但是他对我挺好的……嗯，女人么，总会被那点点的温存所打动，天打雷轰都轰不走。

接着她总是会说出一些好，说到他俩关系中N久之前……比如他在国贸天阶上等了一个小时就为了让我看到一条短信，他大半夜给我买夜宵，他在我大姨妈来的时候给我倒红糖水，他帮我找论文素材、论文文献，他总是打好饭给我送过来，他总是给我晚上盖好被子怕我凉着，我们身

处异地他多次来看我我都积攒了好多车票，他不是很有钱但是攒钱给我买了……

看来那句很是警醒的歌词“早知道伤心总是难免的，你又何必在意那一点点温存”好多人还是当了耳旁风。姑娘拜托你醒醒，你仔细看看他对你的这些好，需要多大成本，有多廉价你知道吗？一条短信能有多大成本？一碗红糖水能有多大成本？还是盖上被子需要成本？他这么做不是对“你”好，对那个世界上独一无二的“你”好，他只是对有“他的女朋友”这个身份的你好，对他自己的女人好而已，换句话说他会对任何一个是他女朋友的人都这样，你并不专属他的这个“好”。

男人照顾女人的本能、保护女人的本能决定他对现阶段他自己的“女朋友”这个好，对你的好有很大一部分是他们自恋（对雄性征服雌性、照顾雌性的自恋）的表现行为，你不过是这个阶段（现任女友）他这种自恋行为的载体和工具罢了，甚至是他们泡妞史上的流水线作业。当然，我们也不能没良心完全否定人家对我们的这种照顾，毕竟他怎么不对大街上其他姑娘这么好，那是因为大街上其他姑娘不是他的女朋友，他没有义务对她好。我这么说只是想让你知道，你没有多么独一无二地让他对你好而已。很多人说女孩子要富养，道理就在开阔女孩子的眼界，不要让女孩子因为没见过市面、因为过于缺爱而被那些小恩小惠触动而牺牲女孩子真正珍贵的东西。那些被称为女朋友的，但没有被温柔对待的不在讨论范围内，这个范围内可以有圣母，可以有小白兔，但是不能有白痴。

每次我们明明知道他是不负责任的男人，我们想离开的时候，纠结我们的，总是他对你这些平日里细节上的好。有时候不是他感动你，更多的时候是你自己感动自己。

女人都是情感动物，纠缠于细节不足为奇，但是过分放大细节来弥补坏男人人品上的缺陷、本质上的污点，是因为女人内心不够强大、不够独立、不敢面对，而掩耳盗铃、自欺欺人、寻求短暂的麻痹与自我安慰，忽视本不能触犯却已被践踏的原则，其实等同于情感上的吸毒，自我麻痹一时，继而长久的痛苦与永无尽头的煎熬纠结在一起。故意自我糊涂地安慰，却清醒痛苦地纠结着。

而且我一直认为女人的这种廉价的容易满足的情结的根本原因是缺爱，追根溯源的话可能跟原生家庭的成长环境有关。不一定说这种姑娘的成长大环境就一定是非常不幸，但是能够肯定的是这个姑娘从小没有被父母“富养”，尤其在成长过程中情感与精神上没有被“富养”，物质上的“富养”在其次。

婴儿时期或者幼儿时期对安全感的渴求没有被满足是造成一个人一生对安全感渴求的根源，可能源于那个时代育儿理念的不科学，也可能源于父母本身的性格缺陷或者知识眼界短板从而造成遗憾。再者跟青春期的自卑也有关系，在竞争激烈的中国社会，应试教育对人性与天性的压抑使得部分女生没有在青春期树立正确的自信的健康心理，这种阴影可能会波及一生。最后传统观念对妇女三从四德没有自我的无私奉献的苛刻辐射至今并未完全消除，君不见现在居然有人热捧所谓的“女德班”里那些封建腐朽的糟粕玩意儿，新旧时代观念的融汇与碰撞造成现今部分女性的信仰茫然。这些统统是造成女人“缺爱”症状的原因。缺爱心理导致部分女性的情感底线一再降低，造成婚恋市场上糖衣炮弹——廉价的“对我好”不乏市场。

那什么是真正独一无二的“对你好”。我一直都认为，自己付出大代价的东西才最珍贵，那些小打小闹没成本的，就当满足他们男性自恋虚荣心了，我们也应景地笑纳与享受，各取所需。在这个和平年代，你也不可能让人家将骑士精神发扬殆尽为了你决战不要命了是不是？如果从小爹妈娇生惯养十指不沾阳春水的少爷肯为你买早餐也好下厨也好开始做家务也好准备开始居家过日子，实实在在地打算做好承担婚姻责任的准备，快收了！最简单的一条也是无数情感专家都快说烂的一条，看他缺什么，缺时间却挤出时间陪你，缺钱却对你不吝啬的，付出他最宝贵、最本质、最真诚、有成本的东西，靠谱！什么眼泪精虫花言巧语小打小闹的玩意儿你奉若珍宝以身相许的，恕我直言，这样的情商与视野真的是有很大的进步空间，而且并不是多看几部霸道总裁言情小说与国产进口的偶像剧就能弥补得了的。

容我再啰唆一句啊，就一句啊，不在乎那一点点廉价的温存，你真的能避免很多伤心！

3、中国好前任：一个前任的自我修养

前任这事儿，说不完的话题，电影都能把前任拍出攻略来。

我认识的几位别人家的前任，堪称中国好前任。

一位是我的同事J君，典型的温润如玉的中国好男生。他不仅态度平日温和憨厚谦恭有礼，身材也是长得人高马大衣服架子，笑起来总是眯着他清爽的小眼睛，就算在不流行“单眼皮”男生的时代，他随便穿着棒球衫牛仔裤也丝毫不逊韩国的花样美男，迷倒一片花痴女生。可偏偏J君洁身自好鲜有绯闻，对待老婆也是呵护有加始终如一。后来大家一起熟络之后经常吃饭，才慢慢了解J君这种优质男人还是有故事的。大学时代爱得轰轰烈烈的女友，因为地域和双方性格的缘故，毕业后分手。J君浑浑噩噩、行尸走肉般地过了一段暗无天日的日子，慢慢走了出来，后来遇到现在的妻子，曾经沧海又为水后欢欢喜喜地结婚了。因为在技术行业的缘故，很多同事都是一个学校的校友，不少人还认识J君的前女友，有人说了一句，她现在过得也挺不错，你们后来没有联系？刚刚还在谈笑的J君立马红了眼圈，说了一句：没有。

他人不免唏嘘，其实当个朋友也挺不错。J君略微尴尬地笑笑：曾经那么爱过那么伤害过，没有办法再当朋友。她现在过得不好我知道了

会难过，她过得好我再联系她会打扰她的幸福，我自己也有自己的幸福与责任，所以还是不联系的好。

一位是我颇为敬佩的大姐。这位大姐事业有成家庭和美，非要挑出一点儿毛病就是大龄婚嫁。据说是因为等一位不该等的男人荒废了年华，幡然醒悟已是而立之年。不过这位大姐现在家庭美满儿女双全其人性情豪爽，对过去的事情反而看得很开，用自身经历劝慰过不少想不开的少女。我们问过她，你不恨你的前任？她说不恨，因为那是我命中的劫数，不经历那番劫数成就不了今日的心态，今日的见识，今日的我，更不会卡住节点在合适的时候遇到我现在的老公。有了家庭生了孩子，生活重心早就从那时的儿女情长转移到为提高家庭生产力做贡献上，平凡岁月中点点滴滴的幸福早就模糊了当初的岁月，什么年轻时候的爱呀恨呀的，早就被岁月风干成一个没有生命力的化石了。我们好奇地问了她一句，你们后来没有联系？她哈哈大笑说：没有！

既然爱恨情仇都烟消云散，是不是该有句问候？大姐说，问候什么，问候一句“你还好吗？”大姐说年轻的时候还愤愤然地想过一定要过得比他幸福比他好，然后问候他一句“你还好吗？”来狠狠还击他当年的自私与薄幸。后来日子过得平凡顺当起来，每天生活充实快乐到你根本想不起当年的“愤愤然”。当现在真的听说他过得不好的时候，反而同情起他来。人生风水轮流转，还是对幸福抱着感恩敬畏之心吧，低调珍惜自己的幸福，祝福他人吧。

同寝室的室友M就曾被“前女友”这个问题纠结寸断，为此她得出结论是：不打扰前任的修养，其实是对眼前人的尊重。M那时候的男友是个情种，纵使跟M爱得正浓，也时时不忘问候关怀一下前女友们，套用一句欲说还休的经典问候就是：你还好吗？为此M提出抗议，但是人家说就是单纯的问候再无其他。后来M发现他有着专门为前女友们开辟的QQ小号和人人网小号，不时关注着前任们的生活与动态，逐个都有主动问候与倾诉当年的回忆，当然有搭理他的也有不屑他的。M为此跟男友闹翻，他那哪里是问候，他那是集邮，那些小号里的前女友都是成就他满足感的战利品！果不其然，刚刚分手，M的前任就拿那个熟悉的前女友集邮小号发来好友申请，M心里咒骂了一万遍之后，将其拉入黑名单。

M说，如果对一段感情足够诚心、足够用心，是断然不会忽视现任的自尊心和感受，跟前任牵扯不断的。忽略现任的情绪与感受去联系前任，究其本质都是一种幼稚且以自我为中心的自私自利，这种没有责任心的人，不是执子之手的合格人选。我们没有责任为他们的前情旧事、理不断的纠纷暧昧买单费神。

古语有云：君子绝交，不出恶语。这样的做法绝对是一个好前任最起码的节操，比如王菲和李亚鹏。只是不出恶语的同时，作为中国好前任，我也一直认为不打扰是对那个最熟悉的陌生人最好的尊重，对过往深情最好的祭奠，也是最体面的交代。相比超级前任徐静蕾给前任买房做媒提携事业，小S和黄子佼的在《康熙来了》里的相拥一抱泯恩仇，姜文为刘晓庆出狱的辛劳奔波，我们都只是普通的平凡人，挣着平凡人的票子，活在平凡人的圈子，就无须打肿脸充为高境界的圣人，顶着心胸宽广这顶帽子，还是自己活得舒服自在些吧！

我们大多数人和前任没有经济利益的羁绊，没到提携相互事业的格局，没有作为公众人物而逃不掉的作秀，更没有像谢霆锋、张柏芝剪不断理还乱的亲子纽带关系，我们为何不能活得更通透自在、更照顾自己的感受？哪怕就算是明星，对待旧情人的态度多是周润发对陈玉莲，纵使爱如烈火，也是相见不如怀念。

我们既然不能违背自己的本心，像徐静蕾一样坦言能毫不在乎现任的出轨，也做不到张柏芝那样好了伤疤忘了痛，可以若无其事地同陈冠希机舱合影，就做不到跟曾经伤害过自己或者自己伤害的那个人和睦无边、万事大吉。即便我们大大地良心发现想表达善意，那位曾经被自己伤害过且心有余悸的人始终不能放弃对你隐约的敌意与不屑；而伤害过自己的人，纵使你格局再大心胸再广，你始终无法逃匿掉对当初的自己的一声叹息。

所以不要自作多情地打扰前任，也不要放任自流地被前任所打扰。“打扰之后”的尴尬我是实在不知道该如何处理。做朋友？那句老话，分手之后能做朋友，要么没爱过，要么就是还在爱着。哪怕是当初的拿得起放得下的潇洒离开，也是付诸了自己才晓得成本的。成了追忆的旧情不是没有爱过，只是现在真的已经不爱了。能提出做朋友的，不是在这段关系里有妥协，就是两人当初未付诸真心，不是真诚平等的友谊。做那种多年不见早已生疏只能别扭着依靠叙旧缓解尴尬的客套朋友？这种委屈自己的含糊不清的友情如此不纯粹，不要也罢。

所以我们宁可接受自己的庸俗，不去飘飘然自己豁达的胸怀，也要用正常的态度、正常的情绪、正常的规律去对待前任这件事儿。大多数的我们，遵循着情绪与情感固有的规律，被伤害的慢慢平复，慢慢淡忘，伤害了别人的兴许愧疚过，终究还是被时间翻了篇儿。终有弱水替沧海，再把相思寄巫山。人类这种动物，终究有着视觉上和听觉上的记忆依赖，那个离开的人，他的音容笑貌，就这样，随着他的离开，淡出了我们的视线，淡出了我们的生活，淡出了我们的脑海，最后连忘记本身都在我们充实而忙碌的日常中被忘记。再回首，你幸福我不愿意打扰你的幸福，你不幸福我也不愿看到你的落魄，相见不如怀念。

爱着你的时候，我不一定是中国好情人，但是不爱你的时候，我一定是中国好前任。而不打扰，是我最后的温柔。

4、娜拉的第三种抉择

我一直在思考着什么叫作内心强大。

正好被熟识的姐姐拉入新建立的QQ情感群，闲来无事的时候看着群里的姑娘们倾诉着生活中的喜怒哀乐与悲欢离合，总会感慨万千。有一次，有个姑娘倾诉自己情感纠结的原因是因为自己总是为自己男友“红颜知己”越界的事儿大动肝火，然后被男友冷暴力对待却又舍不得分手欲哭无泪连连抱头求饶，周而复始，但是和好之后还是意难平，求群里其他姑娘支招。

于是群里的管理员大姐说：“你要内心强大，多关注自己而不是他，然后你对他的关注少了，冷冷他，他自然又贴回来了。”

依据这位管理员大姐的说法并不是没有道理，她也是深谙人性，才想到以冷制“贱”的法子，当然这个方法需要强大的内力，就是你得憋得住，忍得住，憋到天崩地裂也要忍得住！不仅对他擦边球地跟“红颜知己”越界交往睁只眼闭只眼，让他觉察到你冷落他，直到他也幡然悔悟欲哭无泪连连抱头向你求饶，才算修得圆满。我问那个姑娘，你生来独立自主不用靠他养，也是爹疼妈爱的宝贝，你若真的憋屈成这样，你图个什么呀？

姑娘说，我只图愿得一心人，白首不相离。所以为了追求自己的幸福，我还得内心强大起来。

我说姑娘，你所谓的“舍不得”就是一种放纵自己软弱的惰性。如果根本不肯直面现实，再内心强大再努力，追求到的也不是自己想要的。况且你那份隐忍根本不叫内心强大，叫自欺欺人。

这让我想起了两个娜拉的故事。

一个出走的娜拉是林毛毛。这位在微博上嬉笑怒骂皆文章的德国媳妇真是让我崇拜万分又汗颜不已。最让我心痛的是，这么一个率性智慧而又真诚的国产女子，硬是从中国人手中被德国人抢去做了别人家的媳妇。林毛毛本来是个贤惠有理的前中国媳妇，上得厅堂下得厨房还孝敬公婆赚钱养家，堂前堂后将小家打理得井井有条。但是就是因为得到的都太过容易，林毛毛的前夫在闲散之余开始饱暖思淫欲，这让林毛毛痛苦不已，于是净身出户离婚，远赴德国念书疗伤。后来在德国遇到她的真命天子，生了两个如花似玉的混血闺女，每天忙着跟德国老公打情骂俏享受人生，现在正岁月静好着呢。

一个留下的娜拉是我的朋友沈墨。沈墨是一出现在人群中别人只能自觉当绿叶陪衬她的女子，她年纪轻轻就嫁给了当地土豪，辞了工作安心在家做了土豪太太，生下儿女一双。只是听说最近生活也是不太平，土豪丈夫犯了出轨的错误让她心痛不已。不过在我眼中一向傲骨的沈墨居然没折腾没闹腾也绝口不提离婚，对土豪老公的私生活也不愿多关注。

正是不行于色的态度让土豪老公抓狂不已，于是答应沈墨的要求，送她去了巴黎学西点。于是朋友圈里经常看到她心情明朗地晒着各色精美的西点作品，发奋努力。

在我看来，这两位娜拉，无论从出走的娜拉还是留下的娜拉，不怨不艾，都是智慧的女人，因为她们永远敢剖析直面血淋淋的现实，然后克制自己的情绪，清醒地知道自己要什么，并为之付出努力全力以赴。

林毛毛知道自己不能容忍婚姻中的不忠诚，这是她的底线，所以哪怕自己身单力薄，净身出户也要离开那座曾经让她绝望不已的废墟围城。在她看来，那场婚姻如同一个疯狂生长的毒瘤，已经压迫她的生存空间，她天生的傲骨与纯粹让她无法带着绝望的毒瘤苟延残喘，如果想活命，只能自断其瘤。她性格泼辣、好强、百折不挠，所以她纵使身处异国白手起家，也会如同杂草杉菜一般，柔韧不屈地从地下开出花来。所以她选择了革命，亲自拿起手术刀，割掉毒瘤，重新获得新鲜的空气。

而沈墨对我说，她太了解自己了，她的性格不像林毛毛那样干脆利索，也不像林毛毛那样在社会上打拼有着独立生存的能力，那些年的土豪生活让她养尊处优之余彻底丧失了跟这个社会打交道的生存技能，而且两个孩子嘤嘤待育，她不能失去他们也不能凭借一己之力给他们最好的成长环境，自己交付独立给他人而蜗居安乐的代价她算是知晓了。贸然离婚代价太大，所以她选择了有条件地妥协。而这个有条件地妥协就是不离婚可以，但是土豪必须送她去巴黎学西点。痛苦的折磨，骄傲的鞭笞，时时刻刻都提醒着她要自强的重要性，所以去巴黎学西点是她自己对自己今后自由与自主的投资。她说，为了能让厚积薄发来的独立能决定未来的命运，她选择了留下。

娜拉的留下与出走之后到底幸福与否，与其说看命，不如说看娜拉们自己的心性与悟性。看她们有没有勇气把自己抛到血淋淋的现实面前，看她们是不是足够理智面对现实，知道自己真正需要什么，看她们会不会为了争取幸福而克制自己的懦弱与偏执，不纵容自己的惰性地依赖与软弱地寄生。纵使一时忍辱负重，纵使暂时一无所有，也要咬紧牙关，对自己，不抛弃、不放弃、不盲从、不软弱，尽自己一切的努力让曾经绝望的废墟上开出花儿来。这才是女人真正的自我强大。

所以内心强大绝对不是自欺欺人，就像开头说到的那位姑娘，明明想要的是一位“白首不分离”的一心人，但是如果那人本性显然不是专一的良善之辈，纵使按照管理员大姐说的方法“以冷制贱”，终究是自欺欺人的舍本逐末，就像把头钻到沙子里的鸵鸟纵容自己的软弱跟怯懦而自我欺骗，不去理智地权衡，仅因“不舍得”，而选择忽视问题本质，譬如对方的人品，三观及其是否真的在乎你，纵使“自我强大”到憋屈造成内伤，最多只会求得一时安宁，问题卷土重来只是时间问题，招致第二次伤害。

所以那位姑娘，你年轻、美丽、经济独立，既没有孩子的羁绊也没有婚姻的纠葛，无须像上边两位那样需要苦大仇深地权衡利弊，这是你万分幸运的地方。如果对你那位同龄却还不成熟的小男友除了真情别无他求，你真的就更应该珍惜自己手中的选择权，跳出那个自怨自艾的悲情小格局，做一个快乐、强大又有自己风骨的娜拉，由自己决定自己的幸福。

5、我的努力让我舍不得亏待自己

当我的闺蜜大龄回归单身的时候，于是，世界为她又打开了一扇窗，这扇窗让她看到很多东西。

一次，她遇到一个愤怒的潜力股，认识寒暄以后她发现此人与她不合适，于是便委婉拒绝。潜力股愤怒的问她："你怎么可以物质到如此地步，我是潜力股你知道吗？你难道没有看到我的真情么？"她问他："你近期有结婚的打算吗？"他说："没有，我一直认为我不适合早婚，我要以事业为重，等事业稳定了我才会考虑结婚。"她说："这就是我看不上你的原因。"

一次，她遇到一个方方面面都很优秀的相亲对象，满心欢喜。但是对方总是忽冷忽热，不咸不淡，不主动也不拒绝。想想从来都是女人负责勾引，男人负责表白，她的责任尽到，对方没表示，还是不违背自然界雄性主动的规律，潇洒闪人吧，于是删掉联系方式不再联络。几天后，对方短信发来问为什么删除联系方式，她坦率地回答："可能你选择比较多，四处观望，我也就不做个备选让您为难了吧。"他说："大家做个朋友再互相了解了解，就算成不了也可以享受一种感情一种态度，路途有个能说暖心话的人也不至于寂寞。"她说："谢谢，免了。"

很多次，她被身边泼冷水的人们要求"差不多"就行了，比如她要求对方起码本科学历，他们会说学历不代表能力；她要求对方起码有个匹配的身高，马上有长辈对她说邓爷爷不高也大有作为；她要求对方起码三观匹配，兴趣大致相同，起码她尖声怪气学莫妮卡的I knew it他不会觉得她神精病反而会会心一笑了解她的幽默并且知道莫妮卡是谁，他们说她太矫情、太小资。

她问我："是我太挑剔了吗？"我说："不，你只是不愿意亏待自己一直以来的努力。"

那些欣赏她长得不丑且工作稳定的人们，他们乐于接受这么一个结果，却不知她在过程中为之奋斗的艰辛；他们不知道她从一个130斤的胖妞减成90斤的过程中每天的食量让她饿得半夜睡不着号啕大哭；他们不知道她从一个只穿裤子的女汉子因为表白被拒而愤愤然开始成为磨破脚皮也要穿下高跟鞋去挤公交；他们不知道她是为了某一天能有良好的形体气质而放弃仅有一天的休息时间早早起来去参加形体课并且无论夏雨冬雪，整整坚持了两年；他们更不知道她为了能有更好的工作空间和成长机遇而拼命努力考证书，考了三次基本脱了一层皮；他们还不知道她终于明白了选择比努力更重要，情感成本与时间成本更为珍贵。这个世界上最残酷的事情是那些比你优秀的人却比你更努力。所以相对不优秀的她为了变得更好，付出更多格外的努力，更知道努力的成本，所以更懂得珍惜自己，更懂得呵护自己，更懂得给自己一个圆满。

对于没有完成事业奋斗而不结婚的潜力股哥哥，再好的姑娘在他事业有成之前都只能是见证他成功或者失败的垫脚石，没有办法用自己高额的成长代价支付你的那个见证成功的时刻，因为新娘不一定是等待的她，最重要的是，这个时代没有所谓的潜力股，昨天就开始努力的孩子今天或多或少都已经是小小绩优股了，虽然个人的评价标准不一，昨天没努力，没有成为今天的潜力股却把希望寄托在明天，别人没有必要用自己的人生为你支付学费。所以，她没错。

所以，对于那个只玩暧昧不谈婚姻的暧昧哥，对于有成本的人生选择而言，女生的自尊自爱自信不会成就你的自私。而女生的自尊自爱自信成就于她的努力，自己努力过的辛苦自己知道，所以将自己置身于备胎的地位，真的对不起自己的努力。所以，她没错。

至于那些让女孩们“差不多就行”的人们，对于他们只是一句倚老卖老讲大道理寻找存在感的方式，而一个因为舆论与环境匆匆做出的选择却决定了女孩一生的幸福与否。你应该庆幸，因为笃定“我知道我自己要的是什么”的人才有明确的方向与目标，反而越不挑越没要求的越嫁不出去。这就好比人家在餐桌上问你吃啥，你说随便，到头来吃的肯定不是你想吃的。因为你自己都不知道你想吃什么。所以，她没错。

所以，我觉得她这样的姑娘因为努力而知道努力的价值，了解自我的价值，不会将自己随随便便放置于缺爱的位置，她所有的努力给了她更好的自己，更自信的自己，更笃定清楚自己需要什么的自己。因为笃定而不畏惧一时的寂寞与偶尔脆弱，对自己的选择负责，珍视自己的人生成本。所以，那些屡屡遇人不淑的姑娘们，你们是不是该反省一下自己。你还舍得自己受伤害吗？你的努力会让你舍得亏待自己吗？

这个春暖花开的时节，我收到她的红色请柬。我问她，你遇到的他是什么样的人？

她说，那句大俗话怎么说的，你是什么样的人就会遇到什么样的人，当然是跟我一样的人。

多美好， 一样努力提升自我，又珍视自我的人，然后让最好的自己，遇到他。

6、女孩子太乖巧，也是一种暴殄天物

我的傲娇闺蜜S小姐，今年28岁，爸爸是老总级别的人物，在一个三线城市，她已算大龄青年。但是她从来没有恋爱过。她对我说，每次被父母安排相亲的时候总是被父母说教要打扮一番，她顿觉不屑，她想，我就是我，为什么我要去刻意打扮自己，去取悦讨好相亲的男人。对于她而言，打扮是一种刻意，是一种做作，一种刻意讨好他人的做派。偏偏她是正经的书香门第，是“打压式”教育出来的根正苗红的高才生，俗称女学霸，红装一直与她绝缘。所以她总是以随随便便的装扮、随随便便的态度去草草应付，来场非暴力不合作运动，相亲各种不顺。她排斥相亲这种形式，因为她觉得爱情一定要寻寻觅觅之后不期而遇，转角遇到爱，彼此可以瞬间看穿灵魂的火花然后执子之手，与子偕老。一切有预谋、有安排、有外界干扰而牵引出来的都不是真爱。然后，一边又郁郁愤愤地恨嫁。S因为没有恋爱过，所以一切的恋爱体验都来自自己的主观想象，所以她的恋爱观总是美好又脆弱，坚硬又虚幻。有人说文艺女青年最可恶的地方在于她们总是对各个阶段的生活安排都不服从，一定要叛逆矫情出朵花来显示自己的特立独行和存在感。

同班的因早恋逃课让我们这些“正经人”曾经不齿的前叛逆少女Z，

则早早觅得如意郎君，生活过得妩媚多姿，现在早已成为俩娃的辣妈。她对男人的评价很精准，对合适自己的猎物下手精准快。巡视她的化妆台，瓶瓶罐罐无数，她从来不认为打扮自己是一种巴结男人的方式，她认为那是让自己状态更好、自己更自信的必备武器而已，她说她享受着变美的过程，那是一种修行。一直宣称悦己者，只是变美的副产品而已。学生时代华丽丽地同学生会会长将爱情进行到底，而后对方去美国后友好地分手不怨不嗔；之后同一位艺术家背着行囊来场现实版的“三毛与荷西”的行走式恋爱，然后同渴望继续漂泊的艺术家潇洒挥手作别；最后嫁了一直明恋她的高中同学，对方家庭和睦、经济稳定、人品靠谱、她也嫁得乐得其所，婚后好老婆好妈妈做得游刃有余，安逸稳定、岁月静好。

S和Z，在我看来，对于爱情，一个是一直在渴求、在憧憬，一个是一直在经历、在享受。

S明明太过渴望感情，却用近乎执拗的倔强，用一种看似坚强的单纯，把自己那颗易碎的玻璃心，包裹得严严实实。不屑华丽的外表，总是喜欢转发微博上那种终有一天会遇到一个真正懂你的心理麻药来麻痹自己，安慰自己，幻想自己是简·爱。这类乖乖女们，从小三点一线，踏踏实实，从小学到工作一路走来，很少有一丝叛逆的苗头，偏偏在这奔三的年景上，将20多年生生的乖戾引爆了出来，顽固地自我着、僵硬着。但是也不能完全怪S，中国的父母，孩子在念书的时候总是希望孩子一门心思扑在学习上，一有对异性有好感的苗头立马拿着消防栓扑灭火柴棍的气势，甚至大学的时候“你都得给我好好学习，准备考研”，生生把这帮好女孩教育得一个一个正义凛然恨不得生生能顶半边天，忘却了本来属于女性的柔软特质，然后孩子毕业以后恨不得立马天上掉个门当户对、有前途、有学历、长得帅并且专一可靠的王子爱你家孩子爱到天崩地裂海枯石烂……可是那些练爱的日子，练习着怎么爱怎么被爱的日子，都已经一去不复返了，都没有在练爱的浅水区里学会游泳，就直接把你丢到婚姻市场这个英吉利海峡让你去横渡？女孩子从小太过乖巧，也是一种暴殄天物。

倒是Z，从来就不是所谓的乖乖女，不过人家也是有着自己原则和主见的姑娘。我们清一色短发大裤腿的校服，人家就懂得长发飞扬弱柳扶风地保持女性特质；我们义正词严、恨不得把男生隔离到其他星球的时候，人家就懂得温和地坚定与委婉地拒绝；我们外强中干叫嚣着女汉子一样有着男女平等的权利的时候，人家就懂得欣赏自己的性别，享受来自男生善意的风度；我们自以为是的清汤白面自诩自然美才是最美，活得跟糙爷们一样，人家就懂得人靠衣装马靠鞍，天天享受SPA和面膜去宠爱自己；等到我们急吼吼地抱怨男生都是不解风情、不懂欣赏的木头时，人家用兰花指轻轻推开男友一声娇嗔“讨厌”，情商、智商、外表、心智都落后人家的时候却不自知，然后一边羡慕人家没有辜负恋爱的青春，没有辜负时光的青春。只是，别人家的月亮永远比自己家的圆，自己的生活永远没有人家的圆满。Z自己都说，自己哪有快意恩仇的潇洒，在情感里也是兜兜转转迂迂回回地试探与体味，伤心失落纠结绝望一个都没少。只是在早早经历过才更容易反思、更了解自己和洞悉人性，才学会善待自己，宽容自己且接纳这个世界，享受恋爱、感恩生活，都是成长与经历带来的圆满。

其实，不是所有人都有幸有着从小心意相通的青梅竹马或初恋，然后没有伤害没有悲伤相依相许直到永远。对大多数的女生而言，恋爱的过程，就是一个女生成长的过程，是一个女生心性成熟的捷径。在爱情里遇到的人，总是会把人际关系中人性的善与恶，精神、物质上的得与失具体化、形象化。情感探索跟情感沟通是女人的长项，如果让一个女孩早早在她感兴趣的领域通晓人性与得失，给她成长的机会与时间，那么她会更早地清楚自己想要的是什么，自己更合适什么，怎样规避不必要的伤害，怎样享受爱情里真正的呵护又爱得收放自如、张弛有度。那些早早通晓人性的“坏姑娘们”，只是比我们早点恋爱并学会选择判断与行动而已，在择偶的黄金时段恰到正好用之所学而已。始于17岁终于20岁的恋爱，跟始于27岁终于30岁的恋爱，对于一个女人来说，相同的长度，不同的境遇。20岁你有说走就走、重新来过的勇气，30岁的时候，你不敢轻易地勇敢，谨慎地委曲求全，辗转纠结，落得要么大伤元气，要么忍辱负重的下场。

哎，应了那句老话了，好女孩上天堂，坏女孩走四方。

7、克制与主见，是成就自我的终极奥秘

据说，世界上所有情感专家每天接收到的来自女性的无数封情感咨询的邮件中，遇到的最多的词是：怎么办。怎么办，我该怎么办，我到底该怎么办。这三句话是无数深陷情感泥潭中的痴情女子在遭遇情感纠结的时候，发自心底的无助呐喊。

其实细细分析，一句“怎么办”折射出的情感迷惘与情感需求太多了，能沮丧地向他人发问“怎么办”的女性，想必是遇到挫折，情绪已经到了相当糟糕的地步，以至于当时对自己的情感处境不能有客观的理智的分析，已经失去了克制情绪的能力；其次糟糕的情感状况让这些可怜的女性暂时丧失相应的情感思考能力和情感处理能力，进而陷入被动状态，从而丧失主见。

感性的柔弱，往往让女性在挫折中丧失斗志与自我，所以才会生出那么多“失心疯”的怎么办。而我最近读到了美国前第一夫人杰奎琳·肯尼迪的传记，这位被称为“勇气与尊严的楷模”的女性，用一生的行动启发我们，克制与主见，是成就自我的终极奥秘。

在我看来，上帝不仅给了杰奎琳出色的外貌与得体的教养，给了她闪耀白宫的同时也给了她磨难的考验。她的遭遇，早就不能单单用“挫折”

二字来评价，“磨难”反而形容得恰到好处。可她偏偏不肯低头、不肯失态、不肯沮丧失魂，她用克制与主见，带着老式淑女的矜持与高傲，一如既往地调整、恢复、坚持自我。

这位传奇女性在 1963 年的肯尼迪总统遇刺事件中表现出的那份得体而又悲伤的坚强成为世人铭记的经典。美国中部时间 1963 年 11 月 22 日 12 时 30 分，美国第 35 任总统约翰·肯尼迪和夫人杰奎琳·肯尼迪乘坐的敞篷轿车驶过德克萨斯州达拉斯的迪利广场，遭到枪击身亡。杰奎琳对邻近死亡那一瞬间的描述是：“突然一声脆响，像是汽车发动机逆火的声音。我的眼前蒙上了一层红雾。紧接着又是两响。杰克的身子像提线木偶似的一弹而起，又跌落在座位上。他的脑浆迸溅到我的腿上。鲜血混杂着碎骨和肌肉组织喷射到我身上。杰克望着我，伸手捂着额头，表情错愕，似乎他只是觉得有点儿轻微的头疼。恐怖犹如巨浪袭倒了我。”

之后，一条令人震惊的消息传遍全世界：美国总统肯尼迪遇刺身亡，副总统林登·约翰逊在飞机上宣誓就任总统。而在美国人民甚至全世界人民心中留下印象的，是这位总统遗孀没有被这巨大的痛苦击垮而表现出的镇定自若。她在巨大的悲痛中保持了淑女的体面与冷静，参加了林登·约翰逊在飞机上就地举行的总统就职仪式。几乎所有人都劝说她脱掉沾着她死去的丈夫鲜血的粉红色套装，但是她一贯的主见让她对这些好意坚定地拒绝了：“让他们看看他们的所作所为吧！”。于是，在全世界的注目下，那场总统就职宣誓的主人公仿佛不再是新总统本人，而是总统身边那位“两眼已经哭肿，身着仍沾满丈夫鲜血的衣服，强忍着不让自己倒下”的前总统遗孀。她用实际行动向世人诠释着什么是勇气，什么是尊严，什么是高贵。《伦敦晚报》称赞她：“杰奎琳·肯尼迪给了美国人……他们最缺少的一种东西——皇族的威仪（Majesty）”。

杰奎琳的克制与主见不仅影响着整整一代美国人对“高贵与尊严”的理解，也让她在处理婚姻中的问题的方式得体巧妙。在嫁给肯尼迪之前，杰奎琳就深谙肯尼迪的风流秉性，作为一个有着野心的女子，她知道在男权社会，这位父亲是美国 Top20 的富翁，毕业于哈佛大学，29 岁就选为州议员，35 岁就成了参议员的肯尼迪，是一位可以实现她梦想与抱负的男人。对于人性的深刻理解，她对“Every coin has two sides.”的深刻理解不同于一般寻常女子。所以不同于一堆对着肯尼迪大献殷勤挤胸露腿抛媚眼的金发尤物，杰奎琳克制了自己对肯尼迪发自内心的迷恋与狂热，回归了理智、冷静、有主见。她对肯尼迪玩起了“收放自如的爱情游戏”，约会的时候热情似火，接着不打招呼地来场说走就走的旅行，一张一弛激发了一向在感情世界里自认为游刃有余的掌控者约翰·肯尼迪的占有欲，从此拜倒在杰奎琳的石榴裙下。

婚后，杰奎琳也继续选择了“克制与主见”来处理那些对她婚姻与“第一夫人”尊崇地位觊觎者们不怀好意的进攻。约翰·肯尼迪的绯闻队中，最出名的莫过于影星玛丽莲·梦露。这位让全世界男人都做着占有美梦的性感女星，她与约翰·肯尼迪的风流韵事一直史上传说扑朔迷离。而头脑简单的梦露也被虚荣与浮躁包围着，陷入“第一夫人”的美梦中不可自拔，甚至去电话逼宫杰奎琳要她离开肯尼迪。当然一向以克制与主见著称的杰奎琳并没有抓狂，这位大家闺秀正室范儿气场凌然，只是淡淡地回复说：我可以离婚，但是你若没有做好公开入住白宫的准备，我劝你收回刚才说过的话。之后梦露更是有意无意地去挑战杰奎琳的地位与权威，在 1962 年的肯尼迪生日庆典上挑衅意味达到顶峰。为了同庄重典雅的杰奎琳在肯尼迪的生日庆典上一较高下，这位电影明星冒着爽约经纪公司的风险，挖空心思请来设计师与发型师早早量体打造了独一无二的派对礼服与妆容，对几句歌词的“生日快乐”歌进行各种反复的排练，力求别出心裁地夺人眼目，想让自己周身的珠光宝气闪瞎杰奎琳，给这位现任第一夫人一个下马威。只可惜杰奎琳对梦露的小算盘洞察秋毫，生日宴会之前早就带着两个孩子去肯尼亚度周末了，直接不给梦露宣战的机会，干脆利落地回避，以无招胜有招。梦露香消玉殒后，这位曾经备受委屈的总统夫人不出恶语，带着对一个艺术家的短暂生命的深刻惋惜，郁郁地评价：她是一个传奇。

也许你认为正是这些传奇的经历锤炼出杰奎琳的独特，不困于心、不乱于情、恰到聪明地保持着克制与主见，那你错了。大事儿上稳得住自己拿得来主意的杰奎琳，在臭美打扮上这种“小事儿”上自然也不会含糊地纠结“怎么办”。1961 年 7 月，杰奎琳的价值不菲的纪梵希账单寄到白宫让约翰·肯尼迪很是头疼，但是骄傲有主见的杰奎琳毫不含糊地捍卫着作为政客的妻子和一位女人保持优雅与美丽的必要性：“杰克，我不得不穿得很体面。只有这样，才不会让你难堪。作为一名公众人物，如果我穿得太邋遢而被拍摄下来，这会有损于你的形象。每个人都会在传说肯尼迪的夫人是个懒散、粗鲁之人，他们就不会投你的选票。”

可是偏偏美国人民乐意为她的“臭美”埋单，因为她用心打造的这份优雅与沉稳所展示出的高贵品格在嬉皮士横行的20世纪60年代如同一场清新理智的清风，在一定程度上加强了美国人的修养意识，提高了美国女性的欣赏品味，唤醒了女性的自我意识，掀起无数的“杰奎琳”式风潮，所到之处粉丝无数。杰奎琳个人魅力带来的“第一夫人”外交让美国在软实力上处理国际问题更为得心应手，甚至一度缓和了当时极为紧张的苏美关系。在刚刚经历过20世纪50年代“垮掉的一代”后，杰奎琳风格的出现，同她丈夫约翰·肯尼迪的施政风格一样，在关键时刻展现出理性果敢的作风和冷静灵活的反应力，令当时颓废的美国精神焕发出自信的生机。

人在迷茫的时候多读书总是没有坏处的。作为女性，我一向认为多读卓越女性的传记是极富启发性的。所以身处情感漩涡中无力自拔，而不停发问“怎么办”的姑娘们，真诚地推荐你们读读这位以“克制与主见”见称的女性传记。比起她绚烂而多有磨难的一生，我们的生活也许要寡淡得多，但是在处理挫折与重树希望上如何做到克制与有主见，她给我们的启发是不可磨灭的。

第三章

情感

1、一个孩子眼中的婚姻：喋喋不休何时休？

我的一个朋友佳佳的父母最近离婚了。

父母离婚，大概是所有孩子童年的梦魇吧。我总是在梦里边梦见父母离婚然后不要我了，我一个人流落街头，走入渐暗的天色之中……每次梦到这些我的眼泪都会跟梦境同步，小声呜咽着、啜泣着，半睡半醒之间，浸透一大片枕巾，醒来之后内心依然悲伤，好久都回不过神来，恍如隔世。

父母离婚在那个时候的我们看来，更多的是一种“被抛弃”的恐惧。很多父母离婚的孩子心理上确实有着不可弥补的缺陷，哪怕父母许诺你他们对你依然如故。事实上，那个时候依然年轻的父母处理自己的关系都焦头烂额、自顾不暇，情绪上、心绪上负面的爆发压制不住，或多或少将自己心理上的消极影响带给了孩子。但是国内根本不会重视婚姻健康咨询与亲子健康教育（甚至现在重视的也很少），那个时代离婚的父母多数都用不理性甚至凶恶的面目去结束一次在他们看来万恶不赦的关系，留下那个被忽视的惊恐不已的孩子在一遍一遍地自责，我不是父母爱情的结晶，我就是多余的。

可以理解，就算是无所不能的父母，也需要很长一段时间去消化上一段关系带来的伤害与心悸。这时候，很多“多余”的孩子的日常教育就被忽视了。所以，那个时候我们班上被老师、同学认为的所谓的“坏孩子”，很多是单亲家庭的孩子。他们很多在老师和那些“好”孩子看来是叛逆的与调皮捣蛋的，被当作议论甚至敌视的对象。现在想一想，那何尝不是一种无奈与伤心。“坏孩子们”用叛逆与不屑，去无助地反抗抛弃他的全世界。

我童年时期的好友婧的父母曾经濒临离婚的边缘地带，父亲的出轨让母亲摔门而去消失好久。对父亲的愤怒与对母亲的不解让一个还是孩子的她徒然无助。甚至在马上中考的日子里，父母陡然恶化的关系让聪慧的她措手不及发挥失常，最后连填写志愿都没个可靠的后盾做意见参考，拿着不算差劲的成绩胡乱填写一番去读了幼师。那么乖巧的她从此变得叛逆与孤僻。比起自我前途的不明，婧说她更介意的是，那么小的她，竟然因为父母不再相信爱情了。

有一天，心理学家李雪微博上的一句话突然让我泪如泉涌，大意如下：孩子对父母的关系都是天然的守护者，如果父母吵架或者关系恶化，孩子会本能地守护父母的关系，甚至会不自觉地认为如果我要是更听话的话也许他们就不会吵架了。因为，我就是这样的孩子啊。

想一想小时候，因为父母吵架我真是不知道流了多少眼泪。其实我父母的关系一直是相亲相爱并且和睦的，他们的婚姻从来没有大的原则性问题，但是俩人当时都年轻气盛、脾气暴躁，经常为鸡毛蒜皮的事情三天一大吵两天一小吵，还动不动就放下狠话：不行就去离婚！

我那时候真的还很小很小，一听“离婚”二字，我脑袋“嗡”的一声就炸了。我当时认为自己成了没人要的孩子，在幼儿园成了老师和小朋友们议论与排挤的对象。我惊恐地看着他们激烈地辩论与争吵，一种天然的害怕、被抛弃的恐惧让我流泪不止，我挥着小手让他们不要吵了、不要吵了，可是他们根本不听。于是我大声哭喊，他们还是吵得应接不暇。等我稍微长大了，在他们吵架的时候能出现在他们视线里的时候，他们把我往边上一推，说大人的事儿小孩别掺和。我觉得我就像一个局外人，但是又跟他们有着千丝万缕的不可分割的关系，陷入一场我无法控制，却要决定我生死和命运的迷局。

小孩没人权。我插不上话，劝不了架，没有任何话语权，而且他们吵架的原因千奇百怪、鸡毛蒜皮，从来跟我没有一点儿关系，但是他们吵架的时候我就是自责，天然地不自觉地自责。他们因为谁多做一顿饭吵架，我那时候才四岁，我却觉得我要是更乖更好学会做饭我去做饭的话，他们也许就不会吵架了。他们因为我爸下班晚了没跟我妈提前打招呼吵架，我就觉得我要是更乖更好更聪明安慰得住我妈他们就不会吵架了。他们因为水果买得不合心意大吵大闹的时候，年幼的我在卫生间里脱掉外套打开自来水管，让凉水从头到尾让自己淋个透湿然后再大冬天的把头伸出窗外吹吹冷风，祈祷自己能狠狠病一场，这样他们就能看在我病了的份儿上，不再吵架了。可是很遗憾，我真是太健康了，居然还没冻感冒！

很久很久以后，我的父母老了，相依相伴那么久，很少很少吵架了，反而愈发平和与恩爱。可是我内心依然有着一只惊恐的小鸟，总是害怕被抛弃，总是会为别人的错误而去责备自己，觉得自己应该付出更多事情就不会变得那么糟糕。于是带着这种近乎自卑与懦弱的性格，我在处理各类人际关系的时候，没少受委屈也没少吃亏。往往这个时候，本性中倔强要强的我就会更加自责自己的无能与软弱。如此反复，恶性循环。

在诸多人际关系中，我活得真诚有礼又不失善良。但是我内心一直清楚，因为小时候的经历，我畏惧被抛弃与被孤立，所以对所有人都有求必应。可是偏偏我会长大，视野会不自觉地放开，看清好多利用你无底线的善良满足自己私欲的负面人性的时候，我狠狠地甩了自己一个大巴掌，学会了拒绝。在一度靠着坚硬外壳保护自己的极端之后，我又学会了维护自己的底线，态度上除了倔强地排斥，原来也可以是“温和而坚定”地拒绝。

回到最初的话题，我的朋友佳佳的父母，在她年近而立之年，离婚了。可是到了这个年龄的她，却完全没有了那时候的惊恐。她那天跟我们说了好多好多。她说，他们终于解放彼此了，两个倔强的人终于解放彼此了，这真是一件开心的事儿。从我小时候他们就开始各种不合要闹离婚，我各种撮合、各种劝慰，甚至祈求他们不要离婚。可是父母的事儿终究是父母的事儿，孩子的作用在他们真正的实质关系上影响很有限。纵使你再怎么开导他们也没用，围城内的人自己不去反省自己，不去面对沟通解决问题，而是就这么倔强着盯着对方不好的一面玩高冷，期望对方为自己改变、为自己付出。这么多年看着他们过得这么纠结、这么不舒服，我也真是看够了。他们早该如此解放彼此了。

我问，是不是他们经常吵架，吵得不可开交？佳佳说，他们有了矛盾从不吵架，一声不吭地冷战，想让对方去推测自己的心思做出改变。我不仅冒出冷汗，唏嘘不已，难道吵架也是一种沟通，只不过爆发性与破坏性大了点儿！佳佳说，也可以这么说，反正他们一冷战我就难过不已，我觉得我从小这么活着性格都抑郁了。

哎，冷战也好吵架也罢，无论怎样，父母的关系都骗不过孩子们的玲珑心，都将在孩子们的成长史上抹下漆黑的一笔，逃脱不掉。有人离婚让孩子感觉被抛弃，有人不离婚将就了许久却让孩子更有罪恶感。父母的事儿，是他们自己的事儿，我们的影响终究有限，因为那是他们自己的人生。任何人决定不了，任何人也不该以道德之名去绑架他们的幸福。只是，作为孩子的我们，无法决定他们自己人生的阴晴圆缺对我们的影响。而我们能做的，其实只有，承受。承受爱之深，爱之切，爱之无力。

好在，我们自己都长大了，慢慢自我强大起来，对“被抛弃”的恐惧阴影，逐层消退。

据说，即使最幸福的婚姻，一生中也有100次离婚的念头和50次想掐死对方的想法。所以婚姻里的矛盾，对于我们这烈性又倔强的人儿来说，是少不了的。所以更多的时候，我都在想，婚姻真的不能将就，一定要慎重再慎重，因为婚后互看不顺眼的机会多如牛毛。从高尚的角度说，你的不将就决定你伴侣的质量与婚姻质量。从现实的角度讲，哪怕为了以后孩子的身心健康成长，都不要去将就！

就这么不将就，慎重地剩到年近三十，我终于等到了那个让我心动不已的人，那个值得我说“终于等到你，还好我没放弃”的人。可是有一天，跟这么一个恋爱时让我甜如枫糖、奋不顾身的人在婚姻的围墙里为鸡毛蒜皮的事儿吵得不可开交的时候，我甩开家门，万念俱灰地跑回娘家。

进了娘家门，看见我爹妈悠然自得地给植物浇水。我哭得梨花带雨将我对婚姻的绝望对父母一吐而尽。我爸听了，慢条斯理地放下浇花的水壶对我说，婚姻嘛，就得慢慢经营。

我妈则心不在焉地补充了一句，呦，你们可不能这样吵，不然以后像你一样，给你们未来的孩子留下心理阴影的。

我浑身一抖。哦，原来我已经不是个孩子了。

2、不以结婚为目地的恋爱是不是耍流氓？

很多毕业就分手的妹子哭得梨花带雨，很多苦等多年最后蹉跎青春的姑娘黯然伤神，太多失恋的妞儿的口头禅是“这么多年的感情……”，是啊，他人品上佳、朝气蓬勃、明明爱我（都是女主角自己想当然），我们俩携手依偎这么久，为什么这么多年的感情不得善终？为什么他偏偏就是不肯给我承诺？为什么明明我都不介意他的条件，他却顾虑重重不肯结婚？其实，答案就一个，因为你们一开始遇到的就不是那个彼此命中注定的他（她）。

“我现在还没有经济基础，物质不稳定，不想结婚”“等我奋斗几年，给你一个结果”“我现在还没考虑这些事，能不能不要逼我”……太多熟悉的话语扑面而来，作为一位已婚大妈，如果你听到这样的话语，我最中肯的建议是：赶！紧！闪！人！

生物学上的同龄男女在心理上女生成熟于男生这是经过证实的，当小女孩热衷扮演“过家家”游戏中照顾人的妈妈的角色的时候，小男孩们只喜欢拿着水枪嬉闹着当自己的英雄，这不仅体现了心理年龄的差异也预示着不同性别对“安稳归属”的本能需求程度的不同。不能否定你们那些年一起经历过的感情的真实与甜蜜。但是男女思维差异导致的不同步，在同一时刻，你的未来是你们的，他的未来却是他自己的。

我们都被影视文学里的贞女烈女误导，比如王宝钏寒窑苦守十八年夫贵妻荣，苏三幸遇王金龙沉冤得雪续良缘，抑或李娃、郑生、崔莺莺、张生“等”得云开见月明？这些缠绵悱恻的古典文学哺育了一代又一代因为贫瘠而习惯自我阿Q、自我安慰所以抱有幻想及推迟“满足感”的“劳动人民”，就像那帮今生逃避生存压力，忍饥挨饿活得猪狗不如的卢瑟们，因为怯懦懒惰而不去改变，每天烧香拜佛祈求来世投胎到好人家，不过一帮伪信众而已。

岂知生命只有一次，活在此刻、活在今朝才能最大限度地实现自我价值，对得起自己。同样的道理，情感上也有逃避现实的“伪信众”们，受“我现在还没有经济基础，物质不稳定，不想结婚，等我奋斗几年，给你一个结果”的蛊惑，苦苦蹉跎了青春，浪费掉了脸上的胶原蛋白，磨掉了心力、心血、心气。

偏偏少年们不认命。没错，成长需要时间与积累，但是如果觉得自己不配结婚那还有什么资格恋爱，一开始就是耍流氓吗？对于他们而言，爱情只是恋爱的享受而不是婚姻的责任，他们或者在象牙塔里做着挥斥方遒的春秋大梦，或者刚刚毕业书生意气，觉得全世界都在为他们的梦想让道，梦想在没遭遇现实打击与社会磨砺的时候就像野草般无拘无束地疯长，雄心勃勃，不可一世。责任如同束缚他们勇闯天涯的缰绳，是不耐烦的羁绊和限制。他们有的刚出象牙塔不经世事，胸怀改变世界的抱负，有的不甘不屑一时的失败奋勇再战。从远古时期雄性荷尔蒙的不安分的因子就在少年们的体内跃跃欲动，竞争带来的刺激与紧张聊骚着猎人们的神经让他们欲罢不能。同时对未来的怀疑、天生的脆弱和对前途的未知，激发着少年们内心深处的自卑。那种狂傲的自负与自卑交织在一起，对一个年轻的男人的刺激让他自顾不暇，狭隘与幼稚让他本能地自私，你同处在兴奋点的少年们轻吟“现世安稳，岁月静好”，真是大煞风景，良心大大地坏啊。

我从来都认为别人一再强调他专注要做某事的时候，就是在发逐客令。所以那些一厢情愿坚持的妹子们，不识时务与勉强都不是女人应有的美德，你应该做的恰恰是“成全”。纵使你自己都为他找到诸如“成长需要时间”的借口，但是他成长的时间成本与成长的代价，都不是以牺牲你自己为基础的。因为好的感情从来都是成全与共同进步而不是无条件牺牲任何一方的利益。

客观地说，年龄与物质实力不是绝对的标准。你看张朝阳大叔年近50，依旧是不折不扣的情场浪子型少年。适婚的好好先生，激情不足稳重有余，也许之前也是少年但是已经被社会现实磨砺了棱角，抑或只是一些跟少年们同起跑线的同龄人，他们心中依然保有着对成功的渴望，只不过这份渴望同少年们相比变得温和敦厚却又持久强大，知道成功是件天时地利人和的细活儿，如同涓涓溪流般不声不响地完善着自我，然后整装待发。他们懂得珍惜，知道可遇不可求，也知道成长是一个持续性的过程，磨刀不误砍柴工，遇到了就守护、就珍惜。

我一直相信大多数的女生在恋爱时追求的安全感中，共同奋斗的踏实感与爱人怀抱的归属感大于物质带来的稳定感。大多数时候，少年们对未来的承诺只是用嘴皮子求得暂时的安宁劳烦长情痴情的女人消停一会儿，而好好先生一直都是用行动，用切切实实让你看得见的行动铺砌着你们的未来。记住，关键时刻相信自己的直觉，飘摇与踏实，怀疑与笃定，纠结与安稳。直觉是上天赐给女人最好的礼物。

最后，我要致敬我大学室友 F 的丈夫 Y 先生，他们的校园爱情开始的时候再普通不过，他们之间的矛盾也再普通不过，恐惧、纠结、挣扎与面对、踏实、努力，Y 先生是位典型的由少年升华成好好先生的代表。分分合合很久之后，他摒弃浮躁选择了面对，一步一个脚印地打好基础给了我的室友 F 一个朴实无华却满是深情的婚礼。我问他，什么力量让你醍醐灌顶进而进化的。他说，因为爱。

看吧，感情世界里所有的问题归根结底的答案都是：爱，或者不爱。

3、一些的识人心得：什么样的男人不能嫁

有人说这个世界上男女关系种种，没有关于两情亘古不变的道理。但是我以为，人类文明能发展到今天，正是因为人类善于在所谓的“没有亘古不变”的现象中摸清事物本质，找准事物规律，加以总结，而避免在摔过的路上再摔，跌进的坑里再跌，走错的路上再走。而对于那些男女关系中各位女生种种感兴趣的话题，今日我奉上压箱底的识人心得：什么样的男人不能嫁！

脾气和自尊大于自己实际能力的男人，不能嫁。

在平淡期的关系中，男人在各种小事上如果过于敏感而强调自己的自尊，并且动辄拿此当借口跟你吵架、发火的，不能嫁。

再吵不散的爱情，都会被岁月的琐碎与沉重折旧，只是程度大小不一。而缺乏自信只能靠“窝里横”去寻求地位与安慰的男人，对婚姻中女人心智秉性的磨损，会将婚姻所有的美好与期待彻底磨灭。

他自己成长环境中的贫穷也好、成长路径中造成的伤害也罢，自己不反省思考、不去学习自愈，为寻求自尊而转嫁伤害，动辄将冷暴力甚至家庭暴力指向爱他而自甘软弱的人身上，其实是弱者。只会将伤害发泄在无辜者身上，而不正视自身懦弱与阴暗的人，其实是懦夫。各位姑

娘快快收起你的二十世纪八九十年代电视剧中拯救浪子的圣母情怀，远离这类人才是规避伤害的最佳途径。毕竟青春有限，在这类人身上浪费太多遇到良人的机会成本，将会是你人生排名最靠前的憾事。

长得猥琐且你第一感觉看不上他相貌的男人，不能嫁。

女性的直觉爆准，准确度碾压所有思来想去的纠结和犹豫。帅哥都花心？错！我以前也这么认为，但是越往后越发现，帅哥本身自带优良基因而更加珍视自己的DNA的传承，从而对伴侣的质量更为重视。虽然男性都有广为播种扩大自己基因分布的本能，但不是人人都是皇帝可以佳丽三千随便挑的。

同一经济地位和社会阶级中的帅哥与丑男，在现在一夫一妻制限制性的大背景下，自带优良基因的男性帅哥，对伴侣的要求，重质甚于重量，因为他自身DNA让他在择偶资本上占据明显优势能以质取胜。而丑男在不占据择偶资本上占据明显优势，且不具备要求质的资格下，只能重量去试图广撒种而完成繁衍最大化，即重量不重质。

再者，帅哥和丑男因为自身资源的优劣而在成长路径上，资源更偏向帅哥。爱与和平下成长起来的帅哥相对心理更自信、更阳光，丑男则因为资源过度倾斜而造就心理变态。所以，你有时候不得不信古人言“相由心生”是真理。所以我的潜心观察，我身边绝对是帅哥更专一，丑男多花心。

再退一万步讲，如果帅哥和丑男都花心，那就听王菲的：男人都花心，不如找个颜值高的。

从小生活在“母亲集权式”的男人，不能嫁。

中国现在广泛呈现的“男孩女性化”趋势，一个客观的原因就是母爱的越界造就的巨婴心理：男孩变得依赖、懦弱、不愿担当，从而缺乏男子汉气概。

而“母亲集权式”家庭里的母亲因为父亲在家庭中的地位与参与度的缺失，不得不客观上或者主观上过度地付出变得戾气满满和怨气重重。本来家庭中夫妻关系位居亲子关系之上，但是集权式母亲因为关系失衡而将亲子关系置于夫妻关系之上，容易造就亲密畸形的亲子关系。待到儿子长大成人，失去之前与儿子的亲密关系和对儿子的绝对控制权之后，容易以爱之名在道德上绑架儿子，使其在成长之后很难独立做出选择，甚至将儿子的伴侣视作拆散其与儿子亲密关系的“假想敌”，造成家庭纷争。

在此种阴盛阳衰的环境下成长起来的男孩，思维逻辑上实际上是缺乏男子汉气概的“女性思维”，甚至还有着少许女性阴暗的心理。如小心眼和爱挑拨，纵然他有着一副男儿身。

“母亲集权式”环境下造就的唯唯诺诺的巨婴心理男人，承担不起“和稀泥”的重要角色，是无数中国典型婆媳矛盾穷根溯源的导火索。

家庭贫穷却又欲望满满的男人，不能嫁。

虽然好人坏人每个阶层都有，但是为富最多“不仁”，穷山恶水出的却是“刁民”。在人性的阴暗处，“刁民”远远高于“不仁”。赤脚不怕穿鞋的，贫穷更容易让人性的阴暗处曝光得彻底。因为为富者做起坏事来，他身后拥有的东西让他有所顾虑，他要顾虑他做坏事的成本。而贫者则是一无所有，可以坏得毫无顾忌、坏得彻底，他做坏事儿的成本要小于为富者，甚至为零。

所以他们肆无忌惮。你看那个车站耍无赖袭警的徐某，可以在对抗警察的时候用女儿老母当作袭击工具，根本无惧至亲的恐惧与伤害。他的亲人对他的评价就是，泼皮赖脸。穷人淳朴的很多，但是穷凶极恶的也不少。

而二者的区分就是，看他对欲望的程度和追求方式：倘若他将欲望的追求置于自以为是的性价比最高位置，从而对别人资源和利益进行掠夺，这个人穷起来“极恶”的可能性大于“淳朴”。

婚前暧昧不断、花心不断、姐姐妹妹一大堆的男人，不能嫁。

无数少女纠结地发邮件问我，男朋友好妹妹太多了，要怎么办？

我说，姑娘啊，幸好还是男朋友不是老公啊，赶紧换！

婚前没有大的经济利益纠葛，没有孩子、房子问题，对彼此最看重也是最简单的考察，就是爱情里最基础的原则——忠贞。

当然你让他承认暧昧、承认他的苟且，人家不可能坦率地承认这些控诉，所以你听到的最多的回答是：我们只是朋友！

你也许会说，他这样做不怕我伤心吗？

人家做这事的时候，就已经有了不怕你伤心的觉悟。暧昧本身就是一个性价比非常高的试探游戏，对于只看重自身利益的自私者而言，成本实惠：用远远小于恋爱的成本，体验恋爱的心跳。

这个时候不要听他说什么，要看他做什么。他婚前的暧昧，其实是一种试探，是看你对他有意无意模拟的“多偶制”的底线试探：你忍了，你的人生以后只能是各种以泪洗面的“大房模式”；你不能忍，人家只是暧昧，进可攻，退可守，就看下家什么意思。

反正主动权都不在你身上。对最起码的感情忠贞原则都要挑衅，对逆来顺受毫无底线的姑娘，尤其是发现屡教不改的暧昧行为依旧舍不得分手的姑娘，别忘了妈妈说过的，你婚后流出的眼泪，都是你婚前脑子进的水。

最后，看了这篇文章觉得每个点都是在说他自己、针对自己的男人，绝对不能嫁！自卑到什么份上才能如此风声鹤唳草木皆兵？这样自卑的男人，你敢嫁？

有人说作为女性，我以上文字观点犀利且有失温柔。

那我一并回答吧：这个世界是不是所有人都有良心，对得起你的温柔相待？当然不是。

我一向的主张是，学会识人，比好人更好比坏人更坏，菩萨心肠金刚手段，这样才能躲得过臭坑保护得了自己，以健全和煦的情感去呵护生命中的挚爱。

4、寻寻觅觅为何不见良人

妇女之友陆琪曾说过，男人只需要学会甜言蜜语与沉默，不需要多大的心计，就可以在感情上把一些女生玩得要死要活。男人这种生物，除了开始的追求阶段与热恋期，生理基因就没有使得他们有过多的激情需要在情感上释放，天生在感情上的浓度比女人要低。而女人天生丰富的情感因素，尤其在偶像剧与纯爱言情小说的熏陶下，太多的爱恨情仇需要在感情里释放，平衡与适度把握不好，不小心就成了“作”。

其实好姑娘们痛恨的有心计的女人不一定是多有能耐，她们懂得把握“度”，懂得控制情绪，从而使自己在感情的波浪中进退自如，爱得张弛有度。那些被不负责的自私男所吸引的姑娘，一般有如下特点：

白雪公主——温室里的花朵。中国教育体制下的乖乖女们，最大的叛逆是跟父母吵架离家出走窝里横，受到的爱情启蒙多是给杉杉承包鱼塘的那类总裁文或者韩国长腿美男的深情款款的韩剧，最大的挫折可能就是喜欢想读中文而“凶神恶煞”的父母非强迫自己读会计，成长路上小打小闹顺风顺水被父母保护得如同温室花朵一样单纯美好，虽然看了几部宫斗剧有了一点儿小心机抑或拒绝过几个小男生或者给闺蜜当了几天情感专家觉得自己魅力满满，但是社会经历真不是白白附身的，社会经历也不一定跟年龄、学历成正比，所以别不把一部分大龄高学历女青年不当温室小花朵。这样的姑娘不是真的笨，只是真的经历太少被父母保护得太好，纵使读了很多情感理论甚至鼻祖级别的《戒律》，依旧都是爱情里纸上谈兵的赵括，依然会在最开始的阶段被男生廉价的小恩小惠感动得掏心掏肺以为这就是一辈子了。但是我认为恋爱就是刷经验，再多的理论都不如来一次实在的恋爱锻炼人的心性与情商。不过没什么好惭愧的，年轻跟真性情挂钩，初恋时的感动是无价的。这时的年轻姑娘们纯粹地享受着初恋的多巴胺跟女性最纯粹不加修饰的情感流露，爱得痛快，伤得彻底。因为简单，因为爱得无所畏惧不吝啬付出，释放着一个女生对爱情最初的理解以及整个少女时期对爱情的憧憬，就像刚刚学会骑车的孩子把握不好平衡一样，在跌跌撞撞中摸索着平衡，不断反省的姑娘在思考着两性关系中的平衡，在懵懂中思路逐渐清晰、学会坚守底线，而无脑的姑娘彼刻流着眼泪，此刻被哄笑，下一刻继续重复着彼刻此刻的循环继续摔跤，于是，由恋爱锻炼而来的心智和情商，不成功便成仁。

豌豆公主——偏执脆弱的姑娘。偏执脆弱，其实有个更好的词语，叫外强中干。如果有人对你说你刀子嘴豆腐心，你可千万别得意，这往往说明你情商不够高，喜欢无视别人感受先去发泄自己的情绪给别人带来反感。至于你的豆腐心，可以直接无视了，因为这是瞬息万变的时代大家都很忙，没空深挖你尖酸刻薄的语言之下的良苦用心，你伤害到别人就是伤害到别人。这不但会让你丧失很多人际关系上的良缘，而且你自己预期的别人对你良苦用心的理解没有达到你的设想，会再一次击碎你的玻璃心：让你进入钻牛角尖的恶性循环，从而周身散发着怨妇的负能量。你是什么样的人就会遇到什么样的人。因为偏执脆弱的姑娘，不能很好地消化自身负能量，实现自我救赎，往往都有着“被救赎的睡美人”情结，有着遇到能够拯救自己并寄托自己许多感情的王子的幻想。这样的幻想往往成为那些不负责任的自私男接近她们并乘虚而入的有效通道，不需要多大成本，就可以用几句假大空的心灵鸡汤获取这类姑娘的好感与依赖。缠绵过后，偏执脆弱的姑娘掀起知心大哥哥华丽的袍子，发现下面都是其他暧昧的对象、剪不断的前女友和激情过后种种懒惰冷漠的虱子。是什么使得这样的姑娘成为那些坏男人的囊中之物？姑娘，是你不太强大的内心啊！是你总幻想着被拯救的弱者心态，是你自己的看似脆弱无助实际不劳而获的侥幸心理。所以，别不服气，收起你可笑的偏执，好好反省一下自己，独立与坚强才是自我救赎的正道。

灰姑娘——战战兢兢的高攀者。在我看来，凯特米德尔顿只有一位，中国当下的大环境也没有北欧那样宽容的社会观念可以包容一个单身妈妈在做王后。如果你年纪不小向往安稳而且自我认知比较客观，最稳定的最平衡的关系永远都是势均力敌的关系，想嫁高富帅不是不可以，请先把自己变成跟他势均力敌的白富美。至于一个劲儿强调灵魂平等情感契合的画饼充饥的女性独立典范“王的女人”田朴珺，真的不是你们的好榜样，因为“男女之间，越是和气的两性关系，越是可能充满了漫不经心和敷衍。老男人的和蔼，是修养，也是不经意。田朴珺不愿意看到，或者不愿意承认这一点，就像她始终强调自己没有靠过王石一样，都反映出她其实非常介意自己的这种身份和定位。因为介意过了头，反而朝相反方向走过去，所以这种刻意的强调与辩护，让我们看透了高攀者的自卑与挣扎。所以为了这“漫不经心和敷衍”的和气的两性关系，郭晶晶冒着视网膜脱落的危险成了跳水皇后才从容嫁给了霍启刚；章子怡磨砺十多年成了影后，终于智擒情场浪子汪峰；实力超群的萧亚轩才有了挑选结婚人选的资格。想让自己拥有舒适温暖收放自如的关系，请先去提高自己的实力，才不至于战战兢兢地巴结着人家，看着人家脸色过活，然后被短择。那些自恃美貌以婚姻当跳板的姑娘，可可香奈儿都没做成功的事情，我更是给不了多少建议。我只能建议普通的姑娘们用减肥、臭美、多读书、多旅行、多恋爱来提升自己，让自己的眼界变得开阔长远，主观努力提高综合条件中的一切可升华的软硬件，以便遇到自己心仪的男人时，可以棋逢对手，坦然自在地享受着恋爱中女人该有的滋润与宠爱。

时至今日，我仍然认为恋爱这事儿和游戏一样，其中的道行不是一两本情感专家的理论文字就能让你参悟的，其中的滋味也不是几本言情小说所能真切地描绘，当然不是上纲上线地让你去集邮，而是在你年轻的时候，诚实地面对自己的感受并且及时深刻地感悟反省，真真切切地好好地谈几场有质量有分量的恋爱。你的感受跟你的反省，会让你参悟人性，磨炼情商，再摔了几个跟头后，了然了自己的风骨，知道了自己的轻重，举重若轻地设好底线，在喧闹浮躁的大环境下尽心打好自己手里的牌。

5、那个让你想不起给他打电话的人

前些日子下班，正好送我回家的一个熟识的出租车司机师傅抱怨他媳妇不给他打电话，一天最多一个。而他认识的一个同行司机的老婆，一天嘘寒问暖电话能打一百八十个，找不到她老公都会打给这位师傅。这样一对比，我认识的这位老实巴交的师傅从打电话数量上一对比，立刻觉得自己的老婆不如同行司机的老婆那样重视自己。我就问他，你那位同行是不是名声不大好？他一惊，你怎么知道？我笑笑，这就对了。然后我就给他讲了表姐的事儿。

表姐之前的男友 X 和表姐是校园恋爱的关系。表姐倾心 X 的暖心与体贴。X 的暖心与体贴是有口皆碑的。表姐是个迟钝且大大咧咧的姑娘，自认为跟 X 有着深厚的感情基础，所以突击电话查岗要 Q Q 密码查记录这事儿她这种姑娘从来都想不起来，偶尔听到身边姐妹疑神疑鬼地要搞查岗突击，表姐均表示不能理解，爱他，干吗要怀疑他呀。

表姐的闺蜜反问表姐，你就对他这么放心？表姐说也不是放心，就是我没想到过。闺蜜叹了口气。

这一提点，表姐留意了起来，她用 X 的生日破解了 X 的 QQ 密码与微信密码，赤裸裸地发现华丽的袍子底下满是虱子，X的暖如同太阳一般，恩泽太广，暖的不是她一人，从贴心送内衣给干妹妹，到陪失恋女同学谈心整晚，到陪女同事去三亚度假……毫无心理准备的表姐，瞬间崩溃。

尽管X道歉过，忏悔过，甚至下跪过，一再表明是表姐想多了，真的跟她们只是普通朋友关系，可信任就像一个人的信用，一旦透支，不良记录便伴随终身。从此以后，风声鹤唳，草木皆兵。纵使大大咧咧的表姐，也有了难以复原的嫌隙，又无法割舍这段感情，于是折磨自己的同时，也在折磨着X。原本正常工作的两个人没有特别重要的事情，一天都想不起打一个电话，可是表姐失去了安全感，总是忍不住拨X的电话；原本X出去应酬只需要跟表姐说一声就好，可是这之后，表姐总会疑神疑鬼中途查岗；原本表姐打X的电话，X因为开会公事等原因总会挂断电话，表姐就乖乖地等待他处理完事情之后回给她，可那事儿发生之后，表姐总是觉得他不一定是开会肯定是在躲着她。找不到X又疯狂找她自己认识的X的同事，结果人家说不知道。X抱怨，“你能不能不要没完没了地打电话？”表姐反驳，“那你得问问我以前怎么不这样。”表姐也纠结，“我不想这样折腾得自己人不人鬼不鬼，但是我就是怕了，那种说不出的不安感！”这对曾经岁月静好的情侣，因为信任的破裂，相爱相杀，周而复始，恶性循环。

就在X去北京出差的那一晚，X打电话告诉表姐他会跟客户去吃饭，没等表姐说话便匆忙挂了电话。表姐再拨回他的电话，那边的回应一直是：您拨打的电话已关机……表姐那个时候已经不是猜忌了，她甚至在自责，然后天马行空地胡思乱想，是手机没电了还是出车祸人在医院？手机没电可以跟别人借电话打个招呼，出车祸送医院警察会通知家人的吧？然后思维跳跃从X被捉奸到X被跨国器官贩卖组织绑架到X被基地恐怖分子要挟成人质……于是再拨，再拨，再拨，再拨……

对方一夜无应答。

那是表姐最落魄的一夜。她发疯一般折磨自己，要立刻开车去北京找X被家人阻拦，她就在房间里歇斯底里地大声哭喊。

表姐问姨妈，“是不是天下男人都这般如此。”姨妈说，“你不要自己选择瞎了眼活在黑暗中，就觉得别人都见不着光。”表姐问姨妈，“那是不是我之前太过分，电话打太多让他觉得我烦？”姨妈说，“你一朝被蛇咬，肯定十年怕井绳，女人爱的时候才会患得患失。”表姐问姨妈，“是不是我内心太不强大了？”姨妈说，“如果对方是只见屎就扒的苍蝇，你内心再强大依然走不出曾经被伤害造成的阴影，并会一直猜忌与纠结下去。”

任何一个出门在外的男人，能接到自己伴侣的问候电话，在我看来都是被牵挂、被珍惜、被依赖的小幸福，并且大多数女人一般接到温暖的反馈，都晓得电话那边的人情世故，都会安全感满满，懂得分寸，见好即收，毕竟有被迫害妄想症的女人还是少数。因为存在在这个世界上的意义，就是有了灵魂，有了归宿便不再寂寞。你会确定以及肯定，那个牵挂你的人不管多晚，都会给你照亮回家的路。虽然女人有着依赖的天然本能，但是她也只会依赖着她认为可以给她提供避风港的那个人，如同静谧的深湖，大多数时间在柔和的月下宁静致远，温柔安详，容纳着深沉的爱意，不惊不扰。

可惜有人追求平静，就有人渴望波澜。当贪欲被唤醒，带着自诩风流实则猥琐的自私，享受着别样的风景，挥霍别人的珍惜，透支着别人的信任，又要带着“正人君子”的面具“一本正经”地占据道德制高点，但是心虚的气场却欲盖弥彰。未知的刺激与既定的踏实都不愿意失去，于是贼喊捉贼，把这屎盆子扣到对方身上转移矛盾，自己反而无耻地恼羞成怒，理直气壮将老掉牙的臭词泼向那位以心相许却又被折磨得患得患失的女子：“你想多了，干吗总打电话！”一棒子正中湖心，搅浑一汪清泉，于是湖水浑浊而痛苦地翻涌起来，反复折磨那个纠结不安的女人，可她偏偏因为爱着不肯放弃执念，用折磨自己的方式践踏自己的尊严，机械而麻木地反复用电波信号求证最简单也是两个人关系的终极奥义，到底，爱还是不爱？！

任何一段感情，如果爱到自我否定、自我怀疑、自我折磨，都不是好的爱情。不好的感情，也不完全是一个人的错，两个人或多或少都有着责任。或多的责任，是原则性的问题，比如X的欺骗与贪心；或少的责任，是细节性的问题，比如表姐发现问题之后的情绪失控，感情用事，处理不当。只是，因为贪欲与欺骗而触犯的原则问题，不管冷静或者不冷静，它都客观事实般存在在那里，不增不减。第二天中午X像没事人一样打来电话，哦，昨天手机吃饭的时候就没电了。表姐只是淡淡地说，“不想再自欺欺人了。我只求解脱，分手吧。”

看多了相亲市场上男女双方对软硬件筹码的要求和博弈，多是空泛与虚妄。有了这份经历，再有人帮表姐介绍对象提及要求，表姐都是要找“那个让你想不起给他打电话的人”。女性比男性更渴望“现世安稳，岁月静好”，那个让你想不起给他打电话的人，是因为在一份关系中给她踏实的安全感，她从直觉上与心智上都信任对方的为人与这份稳稳的幸福。就像身体上的器官，健康的时候你才不会感觉到它的存在。我不知道她的这个要求到底是对感情看得透彻还是对浮华看得淡然。人们都说，好的婚姻，是做个好人，然后找个好人。婚姻里的忠诚是一切幸福的基底，那个好人，如果对幸福的理解足够隽永深刻，那么他一定是“那个让你想不起给他打电话的人”。只有“那个让你想不起给他打电话的人”才能让女人日复一日守住那份心底的平静，让月下湖水静谧长存，灵魂有着温暖而坚定的寄托，从而抵抗岁月的风雨与侵蚀。

所以我对司机师傅说，你媳妇不给你打电话，是因为你给了她满满的安全感。你那位名声不好的同行司机就是因为不安分，所以他老婆总打电话查岗。你不该羡慕他，他的媳妇倒是应该羡慕你的媳妇！

6、我已亭亭，无忧亦无惧

约瑟夫·高登-莱维特的《和莎莫的500天》开头曾经提示：这不是一个爱情故事，这是一个男女相遇的故事。

我曾向婷婷极力推荐过这部电影，婷婷看罢的评价是：看不懂，太小资、太有格调的东西。

我满头黑线，这不正好符合你这种矫情小资女的节操么？

婷婷瞪眼：谁跟你说我是矫情小资女了，人家想做的是贤妻良母！

我喜欢婷婷在优渥环境下成长起来的大方得体却聪慧单纯的状态。因为物质上的优渥和眼界上的开阔，你看不到这个女孩子身上任何的斤斤计较的穷酸戾气。但是从小在爱与和平环境下长大的孩子，没有经历过关乎生存的紧迫挣扎与对资源的抢夺的钩心斗角，没见过太多关乎人性上的尔虞我诈，她的世界还太过单纯。

所以她的第一次恋爱，笨拙而真诚。我不知道她是怎么喜欢上和她差距太多的他。那个总是自卑自己出身却在不甘在边缘挣扎的他，一如他满眼渴望的野心与戾气，从来都是蠢蠢欲动。偏偏这位暗黑系人物还缺爱，被前任飞甩的心酸过往依旧历历在目，造就他更苦大仇深的人生观这个世界与安全感绝缘。

蔡康永曾说过：不要用上一次失败的爱情惩罚下一个无辜的人。

可惜他没觉悟到如此境界，带着对人性上片面的自以为是的狭隘理解，忘却初心。一个爱得笨拙而真诚，一个爱得精明而凉薄。而好的爱情，书上早就说了：但凡登对，必势均力敌，各自独立。

年轻的女孩子的初恋，总会关乎感觉与情怀，外人永远说不清道不明。有人说好女人是一所学校，她对男人影响至深，纵使娇情、单纯如婷婷，也是爱得全然投入要做贤妻良母。

我亲眼见证那位戾气先生皱巴巴的牛仔裤和没质感的运动服，是怎样一步步变作高档小西装搭配卡其裤牛津鞋的。我也亲眼见证了韩式刘海对一个平头男从里到外形象气质上的整容般地巨变。我更怀疑戾气先生肯定是被婷婷强迫着敷面膜了，不然他皮肤怎么会如此润泽。待到来年春天，当戾气先生整体形象焕然一新登场的时候，外人都能感受到戾气先生一副自信满满唯我独尊的样子。

比起外貌，更费一番心思的，是对这位戾气先生苦大仇深不安感的拯救和自尊心的维护以及忍受动辄就来的暴力举动。经常看到戾气先生会因为迟到这种小事就像马景涛附体一样对婷婷大吼大叫，婷婷眼泪婆娑却一把抱住戾气先生请求他消气。

这场失衡的爱情，让原本可以滋润两个人共同心性的互动正能量，变做一股压迫力，将这个爱得忘我、爱得投入的女孩单纯的付出，因为低到尘埃里的姿态，变作被萃取的狂傲与自大，附身在曾经受到伤害的戾气先生身上。

所以真理就是，永远不要试图解救一个自称对爱情失望的人，再多的付出都不能融化他内心自以为是的坚冰。他对自我价值的确定和对安全感的欲求不满会像水蛭一样，吸干你原本天然的活力与自信。那个一向骄傲且矫情得可爱的姑娘，因为爱情而卑微到了尘埃里。那个单纯的姑娘对爱情不设防的善意与全情满满的投入，却在对的时间爱上了错的人：将爱的生机全然注入戾气先生凋零的自信和枯竭的安全感上。

可惜戾气先生却非良人。曾经的伤害，有些人会因为原谅而升华。而有些人却将伤害与戾气传递，他没有能力将这份爱恋上的付出予以回馈与感恩，只能将曾经的无能化作戾气，带着对人性的怀疑与鄙视，有意或者无意地施暴于下一个无辜的爱着他的人，自私地成就一场自以为是的自我补偿。

戏剧高于生活的前提，恰恰是戏剧源于生活。记得和《和莎莫的500天》里，Tom对Summer一见钟情，觉得她就是他命中注定的唯一爱人。单纯善良的Tom满怀爱意地在这段感情里释放着爱意与幻想，虽然有时候爱得笨笨的傻傻的却不自知。他将心意完全交给 Summer 处置，于是便给了她决定自己喜怒哀乐的一切权利。

从小历经父母离婚和男友背叛的 Summer 说她不相信爱情，对固定的关系有压力感，任凭感觉来临而将 Tom 带入情网体验动心的极致后，一句“不爱了”又抛却了 Tom。Tom 痛苦万分，再次见到 Summer 时她却已经闪电结婚，然后告诉 Tom，她又相信命运与爱情了。

本该不念，偏偏执念。世间万般痛苦皆是如此。

那个夏天热得让人格外焦灼。只是，是不是所有曾经被伤害过的人，都有放纵任性去伤害别人的借口？

这段男女相遇的故事结局并不美满，分手之后对因伤害而被制造出的戾气传递，婷婷说了不。她选择了继续相信爱情，宁可自我救赎也绝对不要在自我失心地去伤害别人。哪怕最痛苦的时候，她依旧选择听从自我，耐住寂寞，只为守得住他日最合自己心意的繁华。越是这种懂事倔强的女孩，越是叫人心疼。

关乎婷婷的释怀，她给了自己一个自信又忧伤的打气：我已亭亭，无忧亦无惧。

我眼前的婷婷，年轻又美丽，鲜活又乐观，就算在成长的路途中不慎跌了这么一跤，但依旧保有良心上的善良品质。善良是一种强大，而且是一种有资本的强大。我丝毫不怀疑婷婷的这种强大，这种爱意满满的环境下成长起来的大气的女子，本质聪慧，心境剔透，绝对不是安全感的奴隶。

除却必要的自我反省与客观评价自己情感上遇人不淑的主观原因以外，她的自我价值从不需要践踏他人高出一等来做出定性。这种在同样遇到伤害，有人选择用它去做遮羞布掩饰自己的自私与无能，有人却不忘初心选择原谅与放下。

强者和弱者的区别在于，弱者选择用伤害补偿伤害，强者选择用宽容去大跨步越过伤害。而好的爱情、最美的回馈永远是留给勇敢者的，因为在错的人身上曾经付出的真诚与美好，他们一定不会有一丝吝啬给那个对的人！

人们说真正的强者就像自己有光热源的发光体恒星，纵使遭遇伤害与黑暗，自身的资本和骄傲的秉性，也不会轻易怀疑和轻薄自我的真正价值。倒是像月亮那样的卫星，自身没有值得闪耀的地方，需要借反光去肯定自己。这个理论不禁令我怀疑起戾气先生倚靠反光膨胀起来的自信到底魅力几时许。

关于《和莎莫的500天》的影评，艾小柯说：光阴流转，季节更迭，爱情会发芽，会成长，也会枯萎消亡。而人的心田却比爱情广袤得多，那里还种植着知识、理想和友情，那里该有海洋和山脉，湖泊与草原，该有求索的风、飘逸的云和朴素的雨。沉寂过后，悲伤过后，希望总会再次破土而出，从无到有，从夏到秋。好在夏去秋来，人生总会翻到下一页，爱情总有下一季。

所以 Tom 在结局的时候遇到了 Autumn，谢幕得阳光满满。

而最好的祝福，献给那个无忧亦无惧的婷婷。

第四章

两 性

1、选择比努力重要，学会为自己的选择负责

前几年，我为了拿到职业资格证需要周末去省城上课，然后工作日回来上班，下班时间还要连轴转，不停地复习备考。一个月下来，这种生活让我近乎崩溃，我跟一个朋友抱怨这简直不是人过的日子，太熬神费力透支能量了。

结果冷不丁被朋友泼了冷水：你完全可以天天轻轻松松地上班、下班，舒舒服服享受周末啊，可是现在这样不是你自己选择的么？没有人强迫你这么做。既然是自己的选择，你也别抱怨，行动起来学会为自己的选择负责！

我听了无言以对，但是内心深以为然，既然是自己的选择，那就没有什么好抱怨的。

所以很长一段时间里，我听着姑娘们如泣如诉的圣母行径后总会拆台问一句：当初这不是你自己的选择么，现在有什么好抱怨的？

譬如晶在这段情感关系中，除却人生若如初见之美的恋爱初期有着甜蜜的回忆，基本都是各式各样的狗血剧。订婚前两人因为观念差别、思维差异动辄一哭二闹三上吊。订婚后，男人因为厌倦了这种鸡飞狗跳

的关系却懒得付出心力去交流沟通，对晶爱答不理，冷热暴力交替进行。晶天天被这段感情虐得寻死觅活不知所以，旁人看了都为她纠结得肝疼。晶却说自己其实只想一心一意踏踏实实过日子，偶有摩擦可以慢慢磨合、慢慢适应。直至发现男人的出轨证据赫然在目，晶更是痛苦得肝肠寸断。

虽然宁拆一座庙不毁一桩婚，但是身为旁观者的我们也多少看不下去了，好心劝晶："一段让你哭的时间比笑的时间多的情感，真的不是好姻缘，没继续下去的必要。"

晶的父母也心疼闺女，用断绝关系威胁晶不许再接触那个男人。晶红着眼眶点点头表示同意。

不过女人没出息起来也着实让人无语。没过多久，晶就好了伤疤忘了痛，又回到了男人的身边。晶说纵使他伤害过自己，但是她害怕分开后自己一个人承担各种孤寂与煎熬，实在没有面对失去他的勇气。父母这回再凶、再闹晶就是不听。终究胳膊拧不过大腿，父母也无可奈何。旁人好说歹说再恨铁不成钢，最多也只能一声叹息。

没多久，晶就和男人领了证办了婚礼。

有时候我在想难道这种差到极致的男人真的和弱小的傻女人是标配？可是晶的生活明明就是她自己选择的。

晶对男人的依赖和自身的软弱让她的底线一再触底，婚后男人不但没有收敛反而变本加厉，晶的身上经常青一块、紫一块的，每天闷闷不乐地去上班。

女人过得好不好，面色和神态一眼就看得出来。这种压抑并且充满暴力的日子比起婚前有过之而无不及，活脱脱将之前那个灵气内秀的姑娘生生逼成了怨妇，晶不解为什么她不计前嫌地回到他身，祥林嫂般地逢人便诉苦为他付出那么多，可他为什么就不好好过日子，不懂得珍惜。只是抱怨之后，一切照旧，她依旧对他不离不弃。

晶在婚前情感出现问题，明知道这个男人的不良属性，也知道这段感情并非良缘佳话，但依旧做了这样的选择，明明有脱身的机会，可还是自己往坑里跳，这都是她自己的选择，没有人强迫她。

“负责”二字知易行难，最需要的是面对现实、正视问题的勇气，继而是承受真相的能力，最后是解决问题的决心。

晶因为害怕分手之后需要承担一段时日的伤痛与孤寂，而放弃了本是一条“壮士断臂但是痛过之后有新生”的路径，如同温水煮青蛙，慢慢地沉沦和绝望。晶过度的依赖和软弱将自己置身在弱者的地位，一开始就选择了逃避问题。这种选择的本质就是自己不愿或者是不想承受事实真相，更别说真正解决问题的决心。既然是自己的选择，就要承受，为自己的选择负责。

另一个女孩彤，也是遇到需要为自己的选择负责的情节：考上全日制研究生的男友准备远行去念书，对彤却不提分手也不提未来。彤向他寻求承诺，男孩闭口不言，彤提出分手，男孩却痛苦不已。彤自己也是为难，退后一步决心守着，怕等到最后竹篮打水一场空，荒废掉年华；往前一步想要分开，又怕自己后悔错过良缘。

没想到后来彤选择了分手。

我问她为何选择分手，彤告诉我，男友其实已经做了选择，他的选择就是逃避。男友自己规避选择困惑，本来是两个人应该一起面对的事情，他却选择不承担也不拒绝，所以要么闭口不言要么痛苦不已，将需要承受的结果全部转嫁在她身上，让她独自承受选择带来的后果，这其实是一种自私。

彤说："这次我决心对自己、对自己的选择负责：与其承受被动的选择而将自己的命运交给别人摆布，不如主动地对自己的人生负责，因为我可不想当怨妇。如果这真是一段错过的良缘，那我也愿赌服输，自己的选择，自己认了！"

这种看得清、拿得起、放得下、对自己选择负责的态度，倒是给了彤不错的回馈，彤后来真是遇到合适的良人过起岁月静好的日子。倒是当初便唯唯诺诺、期期艾艾的前男友，专业选得冷门工作不好找，研究生毕业了也低不成高不就地处在待业状态，娶妻生子更是遥遥无期。别说扛起兑现别人幸福生活的诺言，他自己都给不了自己的人生一个交代。

不过想想当初他对待自己选择的态度，只能说性格决定命运。

有人说选择比努力重要，因为人生方向决定于你日常生活中大大小小、无数个选择，而你人生关键点上的选择，甚至能够彻底改变你人生的方向。而你做出的每个决定，或消极或积极，或主动或被动，都躲不开命运的审判，决定着你或好或坏的人生方向和人生状态。

我宁可世界上多一些像彤这样的姑娘，将主动的选择权置于自我手中去主动决定自己命运的出路，而非或软弱或自私地将选择权置于别人手上，逃避责任最后只能被动承受。

无论主动选择还是被动承受，本质皆是一种选择。选择之后便是承受，无论你愿意与否，命运都会把你丢在现实面前，经受各式各样的结局，让你为你当初的选择负责。该承受的，该面对的，或早或晚，你躲不过的。

所以，学会对自己的主动选择负责，就是对自己的人生负责。

2、如果你不能接受我最差的一面，你也不配拥有我最好的一面

朋友的弟弟交了一个大长腿的漂亮车模女友，喜不自胜，觉得带到朋友圈里特别有面子。

两人卿卿我我没多久，朋友弟弟就有了分手的想法。原因是女孩子实在是太能花钱了，尤其是化妆品、衣服、鞋子、包包上的开销简直如流水，根本不懂得节省。本来想从我们这里得到些许安慰，却遭到我们的集体开炮：别说职业车模，就算是普通女孩也有爱美的天性，这些开销也少不到哪里去。

你找的就是车模女友，靠外表吃饭的职业和她平时所处的工作环境，有些投资花销必不可少，多出一般人也正常不过。

一个朋友遇到一位高情商暖男，用她的话说，同之前一般傻愣直和怕麻烦的前任相比，这位高情商暖男对她的情绪起伏颇为敏感，而且对她小打小闹的小女生心性拿捏得恰到好处，懂得哄女人，也超级会哄女人，让她心动不已。

唯一纠结的是，他是单亲家庭的孩子，从小跟着母亲长大，在母亲面前合理的不合理的要求都一一服从，是个十足的“妈宝”。

我们听了她的这份纠结，不得不客观公正地给她权衡利弊：这位“暖男”之所以在拿捏女性不安感上手到擒来，正是因为他有这么一位寡居多年、有些神经质的母亲，让他从小体会着并理解了女人的善变与脆弱，从而在处理女性情绪起伏上比起一般男生而言更有一套，于是他这方面的“情商”直线飙升。

你对他最好的一面欲罢不能，但是对他差的一面头疼不已，所以你问旁观者，到底应该怎么办？

你只看到银幕前玛丽莲·梦露的绝代风华，却从未知晓她因为幼时经历而天生缺乏安全感与自信，功成名就之后，自卑感也时常如影随形。她随时处于精神崩溃的边缘，导致工作缺乏自制经常萎靡不振，私生活糜烂不堪，甚至爱上不该爱的权势人物，倚靠大量嗑食强力作用的精神镇定药物来维持情绪稳定，最终走向不归途。

你只知道乔布斯是一名科技先锋，引领智能手机跨入新时代，建立并拯救了无与伦比的苹果帝国，却从未知晓他曾在人伦道德上并非一位君子：情感上早年便抛弃为他未婚先孕的同居女友，然后拒绝承认并羞辱自己的私生女；工作上无视员工付出的艰辛劳动，动辄就大骂员工，用不甚友好的语言对他人进行攻击，觉得别人都是废物，浪费了自己的时间跟精力。

身为局外人的你，鉴于“光环效应”而陶醉于他们最好的一面，纵使我说了这么多玛丽莲·梦露和乔布斯的另一面，你依旧难以磨灭对绝色美人的倾慕和对数字超级英雄的敬仰。

但是他们身边的人，曾经以不同方式“拥有”过他们的人，见识到他们最差的一面后，纷纷发觉自己的小庙实在是容不下那尊大佛。

玛丽莲·梦露的第二任丈夫卡马乔，因为无法容忍全世界影迷与他分享自己老婆在《七年之痒》里经典飞裙画面的裙下风光而发飙离婚；玛丽莲·梦露的第三任丈夫亚瑟·米勒则因不能容忍玛丽莲·梦露放浪形骸的自毁倾向而选择分道扬镳。

乔布斯虽然最后认了私生女，但是这位哈佛大学毕业后来成为专栏作家的姑娘并未对自己的生父献上好评。而苹果公司因为乔布斯暴躁的脾气和高压管理跳槽的员工数不胜数，对意欲模仿乔布斯创业的年轻人给出了笑里藏刀的忠告：没有乔布斯的命，别得乔布斯的病。

身为自身优点与缺点泾渭分明、棱角突出的人物，玛丽莲·梦露自己倒是保持着一丝清醒，所以她说：“我自私，缺乏耐心，没有安全感，我经常犯错，甚至野性难驯服，但如果你不能接受我最差的一面，那么你也不配拥有我最好的一面。”

就像摩天大楼，越是昂然耸立直入云霄，楼层底下的阴影面积越巨大；带刺的玫瑰花朵越是美艳销魂，花茎的刺越是多得扎人；陈年老酿越是悠长绵厚，越是需要漫长无边的年份去沉淀。那些人事突出的优点与缺点，仿佛就是一枚硬币的正反面，相辅相成，相爱相杀，相依相偎，相生相克。

偏偏就是这相互的矛盾，最好的一面和最差的一面，一起构成了那个让你爱恨交加、有血有肉的人。最差的一面一旦消失，最好的一面也将不复存在，无论是天使面孔还是魔鬼面孔，他们本来就是一个人，不过是一个人的两面性罢了。

再回头看看朋友弟弟的车模女友和那位高情商暖男，虽然优点缺点都很明显，但是说大也实在不是多大的事儿；往小了说呢，他们的突出个性也确实造成了身边人的困扰。只是一再对别人要求改变、要求妥协，不如先审视自我。

如果自身境界高，对真爱的境界理解到一定程度，那么就去站在他的角度理解他，选择包容。

你既然已经选择了她的美貌、他的体贴，就应该学会为这份美丽、这份温柔买单。对于能者而言，这不是赔本的买卖，心爱的女人喜欢打扮正好激发你挣钱的动力，倾心的男人体贴孝顺你也有受益于他性格的时候。纵使爱美者败家，愚孝男败兴，但是你享受得了他们高于常人的优势，为何没了包容他们与优势相辅相成的劣势的底气？

吃得咸鱼抵得渴大概就是这个意思。

无法驾驭超出自己能力范畴对象的正常人，觉得自己过惯了中庸平淡的日子，受不起这么折腾的也没错，那就赶紧放了人家姑娘、小伙，找个跟自己一样世俗的人沉沦就得了，没有金刚钻就别揽瓷器活儿！又想花艳没刺，又想美酒不需时日来酿，这种受不住人家的劣势又想坐享其成人家优势的心态，与其说庸俗，不如说是自私与贪心。

人心不足蛇吞象，从头到脚想着怎么不费一丝多余的力气和精力，妄图从他人身上夺取利益最大化：又想马儿跑，又想马儿不吃草。

最后用文章的观点解释一个万千少女一直疑惑的问题：为什么现实里没有一个偶像剧那样霸道、多金、专一的高富帅对我爱得矢志不渝呢？

哎，姑娘，就算真有这样的霸道总裁，你也得能驾驭住他的霸道，抗得住他的变态，受得了非人类的虐待，守得住他的多金啊！

最关键的是，你自己是“金刚钻”的多金美女吗？不然，你不能接受他最差的一面，那你也不配拥有他最好的一面。

3、似水流年，平平淡淡才是真

M 姐最近总是跟我们抱怨男朋友无趣和乏味。

比如他从来不给 M 写情书，也不会霸道地强吻她，更不会像偶像剧般给她一个出其不意的大惊喜，就连求婚都是一句，“要不，咱俩结婚吧”做试探……

其实平心而论，M 姐的男朋友真是典型的中国好男友：不抽烟、不喝酒、不花心，自己每天勤勤恳恳上班、下班，然后上缴工资卡默默攒首付。业余爱好最多就是给自己的游戏买几个新装备，平时没事看看微博上的段子和时政，日常娱乐就是跟 M 姐出去看个电影吃吃饭，典型居家过日子的经济适用男。

可惜这种居家过日子的好苗子，多是一根筋的理工科男。在天天为生计、房子、车子、孩子奔波，本来就缺乏浪漫土壤与梦幻氛围的大环境里，想要玫瑰和红酒的女生还得自己去点醒这只没情趣的呆子才有戏。

M 姐也是知足，但还是有些小沉闷，觉得日子乏味似乎少了点什么。

文艺女青年，清净日子过久了都有点儿欠揍欠扁的小作，尤其是被韩剧大长腿的帅哥洗眼和国产不虐不成活的言情剧洗脑以后，被浪漫梦幻的泡沫刺激了脑细胞，对情感体验的阈值要求变得有点不切实际：

只求轰轰烈烈地爱一场。

其实M姐要求的所谓情感体验的刺激，并不是真的“情感”体验需求，我倒是认为这种需求更接近“情绪”体验需求。能提供这种情绪上的体验需求，客观条件要么像罗密欧朱丽叶那般来个新仇旧恨、爱恨交织的客观环境，两人一起轰轰烈烈经历爱情的曲折起伏；要么能有个激起女性情绪幅度落差的“霸道总裁”人为地制造障碍，给予女性情绪上的刺激，使她尽情享受恋爱的波澜壮阔。

这种落差感的情绪起伏给像 M姐这样的女生一种期待所谓“轰轰烈烈爱一场”的情绪满足，让她感觉自己的恋爱有了跨越障碍般的成就感，来次偶像剧和言情女主角那样经历一场被成全的“情怀”，用以寻找到自己的存在感。

只可惜罗密欧与朱丽叶般生死与共的轰轰烈烈不常有，能给女生提供那种情绪价值的无良男子，倒是有不少专业水准的。

专业的金科玉律就是：若她涉世未深就带她看尽人间繁华，若她心已沧桑就带她坐旋转木马，妥妥地按女人的心理需求，提供精准的情绪价值。可偏偏女人还就吃这一套。那位前不久在长沙发生车祸而昏迷的男子，不是就有17位女朋友吗？他自己倒是钱色一般，就是有本事让这17位姑娘心甘情愿地相信他，心甘情愿地用自己的钱色倒贴去滋养他。

你也许不能理解，但是17位姑娘的回答揭示了真相，只因为他“疼我”。

那位写尽苍凉与繁华的女子张爱玲，冷眼旁观了一场又一场的人世间的悲欢离合，总是傲骨独立孤傲芳华，依旧过着一段旧式女子的生活：默默无言地看着丈夫同小周小范们卿卿我我难舍难分，还要寄钱去支援他的生存和苟且，只因为他“懂我”。

就连张爱玲笔下的那位王佳芝，铁了心一样地献身革命，在那颗粉红色的鸽子蛋前，泪眼模糊地自乱阵脚，只因为他“爱我”。

这所谓的“疼我”“懂我”和“爱我”，只是这些虐缘中的一瞬即逝，笼罩这些女子的常规景象，不过是17位女子的轮流等待和倾力付出，张爱玲的钱色俱失，更甚是王佳芝青春性命的宿命般流逝。

恰恰是因为平时给得太少，这些廉价的“疼我”“懂我”和“爱我”在安全感与情爱皆干涡至极的女人们那里，反倒是显得弥足珍贵起来，人为地对比出差距来，产生了自怜自艾带着斯德哥尔摩式的喜悲起伏。于是便有了所谓的情绪价值，刺激了这些女人们长久心理疲乏的G点，满足了女人们对爱情“轰轰烈烈”的终极幻想。

所以唐代才子元稹一边给崔莺莺写着“取次花丛懒回顾，半缘修道半缘君”一边娶了韦丛；一边悼念韦丛“曾经沧海难为水，除却巫山不是云”一边成了薛涛的帐下客；一边对薛涛倾诉着“别后相思隔烟水，菖蒲花发五云高”一边收了刘采春。

这位太会写情书的深情男子，用他的“深情”提供给这些女子的情绪价值，完成他初恋前妻红颜大房小房的全套配备，堪称泡妞千古第一人。

这种变异了的深情本质是一种凉薄，一种有着糖衣炮弹的高层次的凉薄。这便是所谓的虐恋：赞美与打压交织成一种玩弄女性的情绪艺术，不虐不爱，不虐不成活。

而真正吝啬的男人们，除了提供这些起伏差距明显的情绪价值即所谓的深情，其他一无所有：踏实他没有，誓约他没有，真心他还是没有。

本质不过是一种不出钱、不出力、不出真心、只提供情绪体验的廉价泡妞方式。但是就有些姑娘们，依旧沉浸在这反常的凉薄中，对虐恋带来的情绪快感欲罢不能。

所以很多旁人不能理解的情爱倒有了一些眉目：姑娘你不图财、不图色，甚至不图他起码对你的一心一意，为何还要这么执迷不悟？

人家姑娘其实图的就是这种高质感、高刺激的情绪起伏和情绪价值，而她们理解的“灵魂伴侣”其实就是那些能驾驭她们情绪的男人，让她们可以轰轰烈烈、彻彻底底地自怨自艾、自怜自叹，体会一种悲哀的美感和情绪上的暴力艺术。

这种情愫，关乎感受，无关幸福，千金难买我乐意。不然“爱你就要欺负你”的霸道总裁文和千回百转的虐恋文怎么还能有市场？

越发倒是觉得，那些心思略粗的男子们其实很是可爱，发自本性地有着一些男人味的爱好。治国齐家平天下也好，游戏户外运动足球炒股也罢，纵使多数根本摸不着这宏图伟业的边儿，有个属于自己专注的爱好也是极好的。

就像M姐的男朋友，他们专注的时候有自我，粗糙的时候有婆娘怨，负得起责任，对得起良心，扛得住事儿。比起那帮天天情深情浅、缘来缘去、天天矫情的不负责的自私男们，雄性味道进化得干净并且彻底。

在M姐的强迫下，那个呆子写了一封情书，文笔平平还词不达意。好在，是真的情深意切。M姐捧着情书，看得也是笑靥如花。

似水流年，平平淡淡才是真。

4、暧昧让人受尽委屈

任何一个有自尊、有主见并受过高等教育的女孩都不屑于经常去看男朋友手机、QQ、校内、微博，那是台湾言情剧里怨妇才去做的狗血的事情。可是，爱情是一件碰运气的事情，也许你碰见的恰恰是穿着体贴的跟你当初话很投机的华美袍子里边全是虱子的坏男人，因为袍子里边全是虱子，所以他总瘙痒，总也不安定，总按捺不住。

热恋之后的平淡日子，再傻再迟钝的女人也会发现身边的那个男人那颗不安分的心。第一次发现，你觉得很难过，很委屈，但是人家只是暧昧，了无痕般的似有似无，一句你想多了让你哭也不是闹也不是，只觉得心中憋闷如山压顶。

第二次，你患得患失，惊慌失措，他一句我们只是朋友，你心中不安加重，但是因为爱他，你愿意和他一起自欺欺人，甚至自己为他找理由找借口，可是，心中的不安依然跃动，你觉得自己也许抓他抓得太紧了，你太在乎了，谁还没有个异性朋友。

第三次，一朝被蛇咬十年怕井绳。你心中不安加重，他却更是不耐烦，于是你哭你闹，心情好的时候他哄哄你，你也许要求的只是他会停下来温存地说，乖，我以后不会了。心情不好的时候，冷暴力到你内伤。

你以为这次的抗议无论他反应是冷是热，你都有提醒到他你伤心了，你在乎，他会就此收手，可是你却发现他根本无视你的感受，闹完全没有用。他还是该怎么样怎么样，那星星之火的暧昧，就在你的眼皮下，越演越烈，压垮了你最后的尊严。

暧昧对象基本上发展到最后归为以下几类：一是上边提到的久了没了新鲜感但是毕竟相识一场也就真成平行路上的普通朋友；要么就是聊着聊着互相都留着一套不肯捅破那张纸的，最后不了了之地没了联系，见了面谁都知道对方那点用自己测试魅力的小心思，都不好打招呼的那类；或者就是过了暧昧新鲜感以后不再经常联系但是偶尔留个用处的偶尔联系的那类；最后就是两人在暧昧的粪坑里萌芽成功，走到一起。往往这个时候，他会找个莫须有的罪名，强加在你身上，但是绝对绝对不会说出真正的原因（就是找到下家且基本稳定）和你分手。

所谓近朱者赤近墨者黑，进粪坑者暗无天日，说白了，离开勾搭男这类情感路上的粪坑，找到与自己可以共生的那个男人，你的面前，肯定会有一片香气四溢的四月天。所以不与士耽及时止损，别相信他会改！

那些被勾搭的姑娘们永远不要沾沾自喜，永远不要觉得自己有多么独特，多么比他的女朋友，比他的老婆有魅力，多么与众不同能让浪子回头。他跟你勾搭的桥段就是他跟别的妹子勾搭桥段的流水线作业，你并没有多么特殊。

一般勾搭的开始，勾搭男各种抱怨、各种自怜让你觉得他的现任太过任性，太不理解他，甚至太歇斯底里。不过，勾搭男在抱怨别人不好不温柔的同时，从来没有自我反省过，因为贪心自私才是这类人的本性。任凭他当时和现任各种问题存在，各种误会，她的各种难过，他不去解决，他唯一做的是寻找新的暧昧对象倾诉博同情，当博得你的同情后，你就开始上钩了。

这种男人就是这么猎艳的。只闻新人笑，不听旧人哭。后来他的历任暧昧对象，都是他安慰别人，或者他向别人倾诉，各种千回百折，各种淡淡的忧伤的情绪！他的做法是什么？对爱他的人冷暴力，以不理解不温柔之名。对新鲜的暧昧对象，各种体贴各种大哥哥式的安慰，只是自己的女朋友因为不安而伤心难过，他却不管，反而对那些杂七杂八鱼龙混杂的姐姐妹妹们关怀备至，仿佛知心大哥哥。不过，新人变旧人，不过是一个轮回而已。看清楚那些勾搭男对他们现在的老婆与女朋友的态度和评价，因为你只是这种男人泡妞流水线上一个阶段的商品而已，今天她的遭遇，就是明天你的遭遇。这样的男人他们很自私，他们只爱自己，只爱爱情带给他们的感觉，而不是爱你，你这是特定时段那个他们爱自己方式的载体和工具而已。

其实爱情是一件碰运气的事情，遇到好人品的人，你便和和美美，一切皆大欢喜。遇不到好人，你又没恋爱实战经验，肯定不舍，不撞南墙不回头，各种纠结，各种憋屈甚至各种非必要的毁三观的自我反省（其实是矫正过度和自我诋毁）。有句话说得好，选择比努力重要！如果你一开始就选择错了，你越努力只能在错误的道路上越走越远，投资的成本越来越高直至最后覆水难收。而你生命中的贵人，并非总以天使之名或者以让你如沐春风的方式出现，生命中发生的一切都自有深意。比如小 S 的贵人曾宝仪。有一天你会感谢那个把你生命中那个错误的人剔除干净的第三者，因为总有一个人要帮你清理垃圾。

那些还在纠结的妹子，如果婚前你的男人有花心、暧昧现象，你还有翻盘的机会，就算你千万般不舍，但是这种人结婚以后只可能更差不可能更好。永远不要自信自己是解救浪子的圣母。一次不忠百次不用。也许你觉得自己舍不得，但是婚前最多只是舍不得，大不了失恋分手重新来过。婚后可不是舍不得，而是输不起，在中国，失恋的女孩和离婚的女人，你觉得哪个好听？到了那个时候，要么忍到坟墓里，带着一辈子的憋屈上天堂，要么离婚，离婚涉及孩子的成长问题、财产分割问题，这里就不一一赘述了。还是那句，自己对自己狠是为了拯救自己及时止损；自己不对自己狠，把自己的命运交给别人蹂躏，别人对你狠起来，那就是没有底线了。你今天的选择，决定了未来的人生。选择永远比努力重要。放弃一个错误的人，胜于你辛苦隐忍一辈子的努力经营，当然你的辛苦人家却往往不领情。

我们要学会透过事物现象看其本质。知己这么诗意的标签，可不能被勾搭给拱了。

5、追男人这事，就留给袁湘琴吧

看了这题目，你可能觉得我是《恶作剧之吻》的反对者。那你可大错特错了！

早在1997年的林依晨郑元畅还是国中生的时候，我已经被凤凰卫视的《一吻定情》里20世纪最后的美少年柏原崇迷得忘乎所以了。之后想方设法看到原著漫画《淘气小亲亲》，再然后一集不落追完台湾版的《恶作剧之吻》以及最接近原著的动漫版、到最没存在感的韩国版，还有拍了一圈绕回自己国家的古川雄辉未来穗香的最新版。直树琴子名字换了又换，面孔换了又换，但是其中温馨的、纠结的、难忘的、感动的细细碎碎的情节，我几乎熟稔于心。变换的演员、变换的场景、变换的时代，依然不能撼动我对这部纯爱漫画最初的喜欢以及最执着的感动。但是感动归感动，你让我像琴子一样倒追男人，我不！

最近不是就有报道说厦门的一位小雯姑娘，情人节那天在众目睽睽之下的公共场合下跪向男友求（逼）婚的事情在微博上被轰轰烈烈讨论开来。当时一众旁观者评价说，从照片上男生不情愿的表情与小雯自己盲目感动自己的状态断定，两人好景不长。结果一语成谶，前不久这事便有了后续，小雯之后为男友生下一名女婴，对方却失联了。婚也没结成，反而自己成了单亲妈妈。她现在只求男友出现帮助病房中的孩子渡过难关，再无他求。这又是一个因为爱而卑微到尘埃里的典型。

“追”本身这个字，字面上就很有侵略感，在我看来是一个很有雄性意味的词语。如果非要给“追”这个字加上一个动态的画面，大概最恰当不过的就是狮子追着羚羊跑。可是如果偏偏反其道而行，在这么有侵略性的字前面加个“倒”字，画面立马变成违和的羚羊追着狮子跑。

看来，古人造字灵感都紧紧地追随着大自然的固有规律。动物界雄性追求雌性，真可谓用尽了花样，凶猛的野兽比残暴，胜者为王，华丽的鸟儿们比美，秀者占优，剩下的雄性动物们比勤快，看看谁建造的窝舒服，谁建造的巢儿大。雌性动物们在一边悠然自得地享受着雄性动物们或凶猛或华丽或勤快的表演，好不惬意。翻开百科全书，里边对雄性动物的追求雌性本能有着这样的描述，也就不难理解了：是进化的结果。

从利益收获上看，雄性主动可以获得更多交配机会，传播后代的概率就比较大，拥有这样表现性状的雄性就可以越来越多，导致不具有这样表现的雄性会被逐渐淘汰。而雌性如果有主动求爱的性状，并不会有多少收获。因为自己只需要受一次精，就可以怀孕了。怀孕以后的求爱行为就没有多少意义了。所以雌性难以产生主动求爱的性状，没有这样的进化动力。并且，由于雄性已经进化出了这样的主动求爱性状，雌性也就没有必要进化出相同的性状了。

说白了就是，雄性动物为了使得自己的基因遗传下去而不得不为之的行为，而雌性动物没有进化动力，为生育哺育却要付出巨大的成本与代价，所以没有主动求爱的性状。这是几亿年地球生物进化的最优结果，虽然人类属于高等动物具备主观能动性，但是依然脱离不了生物本能和固有的已经被自然选择优化好了的遗传本能，跟着自然规律作对，肯定需要承担很大的风险。所以小雯姑娘固然勇敢追求真爱，但是结果却并不理想。

除了上边叙述的生物遗传本能之外，我从不认为现实中倒追男生的姑娘有漫画里袁湘琴天时地利人和的优势。首先，江直树本人智商天才，IQ200 以上。所以江直树是一个头脑清晰目标明确洞悉世事的天才，而且家庭优渥。所以他会从高境界大格局上发现袁湘琴的优点与可爱于常人的地方，看到湘琴真诚善良的地方。这可不是一个小优点，而现实中我们人际关系很多时候痛苦的根源就在于我们格局太低却又急功近利，所以识人不准看人不清。当今几个男神或者霸道总裁会有江直树的天才智商洞悉世事慧眼识珠而伯乐于家境平平长相平平学习工作也平平的你？而你自己的眼光够毒够狠够犀利吗？要知道很可能甲之砒霜乙之蜜糖，也许在被荷尔蒙严重麻醉的你眼中的西施，在客观事实上就是个路人甲甚至不如。

第二，你有袁湘琴的超级外挂吗？其实《恶作剧之吻》的精彩之处就在于青春萌动爱情里的你进我退的点点滴滴。女主角袁湘琴并不是厚脸皮死乞百赖追着男主角，除了一开始的递情书是自己傻乎乎的主动之外，之后的故事情节推动都靠一些超级外挂的推动，比如一个江直树的妈妈，得到了“准婆婆”的首肯与支持 ，“准公公”“准小叔”被拿下更是不在话下。湘琴之后的行动在天时地利人和上占据着无可比拟的优势，让自己的优点有意无意发扬光大。还有制造潜在竞争的“潜在情敌”的推波助澜而引发的戏剧冲突，让两个人彼此心意更进一步。

再者，近水楼台先得月，而且近得理直气壮、合理合法，却又不伤风化。袁湘琴因为家庭失火而双方父母又是超级好友而光明正大入住江家与江直树抬头不见低头见，以至于日久生情彼此心意相通。而现实中主动送上门的，男人永远不会珍惜，因为得到而付出的成本太低。所以，天真地幻想着通过同居而俘获男人心的姑娘们，该醒醒了！还有，你好好回想一下袁湘琴们的颜值。那长串的相原琴子袁湘琴的扮演者，都是国民美少女捷运超级美少女与时尚杂志首席专属模特，不要被所谓的“相貌平平”给蒙蔽了好吗！人家可都是身材娇小苗条、眼眸顾盼生辉的美少女姐姐、美少女妹妹！你虎背熊腰五大三粗还懒得捯饬化妆适当装装软妹子，你确定那个男人眼睛没瞎吗？

写到这里，我们突然发现，想不伤尊严还享受着恋爱甜蜜有超级外挂再有着天时地利人和的条件，不管不顾自然规律地拿下心目中的男人，根本就是个童话！这本来就是个散发着温暖与美丽的童话，所以才感动一批一批前赴后继爱做白日梦的玛丽苏们。但是，这也不是个毫无参考价值的童话。这个童话的原作者多田薰老师本人就是湘琴的原型，她将她跟丈夫西川茂的故事改编成漫画《淘气小亲亲》（也就是后来的《一吻定情》《恶作剧之吻》），之后被搬上屏幕经久不衰，那个乐观开朗永远散发着正能量的琴子一直感动着现实中怯懦麻木的我们，可是 1999 年的时候，真正的琴子多田薰老师却因为意外逝世，琴子跟直树的故事也就截然而止。后来的故事都是出自多田薰老师的助手与编剧，所以我们一直执着地想知道，直树，你到底有没有爱过琴子？

直到最新的《恶作剧之吻》，我们意外地发现一向冰冷的直树在古川雄辉的演绎下变成有血有肉温柔可爱的暖男直树，这个版本更强调直树的视角，表现直树的心动曲线。而这一版的《恶作剧之吻》的监制，竟然是真正的直树，西川茂本人！有评论说："这恐怕就是直树原型对天国的老婆隔空喊话：其实，琴子，我很早就爱上你了啊。在我眼里，你一直是娇憨可爱的啊！"

看到这里，我才知道直树与琴子幸福在一起的真正秘密：原来我喜欢你的时候，正好你也喜欢我；我知晓你内心的小懵懂，却从不轻易将它捅破；从此，你进入我的心湖让我弥足深陷，不能自拔。于是，在这一路的频率共振的悸动中，琴子负责勾引，而直树负责最后的表白。

所以，追女人这事，还是留给江直树吧！

6. 致敬那些年让我升级的小怪兽，我的前男友们

凡是杀不死你的，最终都会让你变强。这句话，用在N小姐的恋爱上真是再合适不过了。

N小姐一直是我崇拜的一个理工科女汉子。说是女汉子，但事实上她不过内心是个汉子，外表是个颜如玉的俏丽姑娘。这位颜如玉的俏姑娘的最大能耐，就是在这些年起起伏伏的感情生涯里，让原本卑微的自己开出璀璨的花朵，跌跌撞撞地从每次恋爱中去反省、去武装自己，让那些年经历过的前男友们，成了她不断修炼自我路上的让她实力升级的小怪兽。从这些小怪兽身上毕业这么多年后，他们带给她的反思历练还有不破不立的成长蜕变，对她之后的生活意义深远。

高中时代N小姐情窦初开，但是作为一名典型的奔波于三点一线的理科女生，满脸痘痘黑框眼镜就让她离“清丽少女”四字靠边站了。不过，作为一名有情怀的树墩子，N小姐还是羞羞地暗恋着同班的白衣少年W，那时候虽然徐静蕾还没有翻拍那部暗恋经典著作《一封陌生女人的来信》，但是深陷暗恋的N小姐却对这篇著作倒背如流：这个世界上最遥远的距离不是生与死，而是我站在你面前，你却不知道，我爱你。少女情怀总

是诗，诗到什么境地？他满头大汗地打完球后回到座位上总有一瓶纯净水，他模拟考失利却在单车后座发现为他打气的小纸条，每次月考的时候按成绩分班考试她心慌意乱地同别人换考场，因为害怕跟他一起考试坐得太近心脏的频率太高会影响考试发挥……初恋这件小事，对一个有期许的小女生真是大过天。作为一个内向的乖乖女，对自己青春期时代的身心发育惴惴不安甚至怀有自卑，不可能将心事告白，所以她那时候所有的希冀就是，努力学习，跟他一起考上他心目中的S大，然后去告白……因为喜欢的人而有了奋斗努力的目标，这不是动漫里的浪漫噱头，而是真真实实发生在一个普通女孩子的身上。每次总是不能坚持的时候，看看他埋头做题的背影，就有了奋斗的动力。嗯，加油！那个栀子花开的6月，她如愿以偿地考上S大，他却只去了省内普通的一所本科，据说高中毕业前他也不可免俗地去跟班花告白被拒。很多时候你当初心心念念的不可高攀的目标，在你执着又简单的信念跟不知时日的埋头苦干中不知不觉地被追上甚至被超越，之前的那份执念便化为坦然地告别：W君，谢谢你。W君，再见。

大学时代的N小姐年轻气盛，因为高考的成功而褪去的青涩与羞涩，让壮实又黝黑的小姑娘活力四射，参与社团、竞选班委、参加志愿者，一个不落。在志愿者活动中，N小姐发现了那个笑起来很阳光的男孩Y，

N 小姐说，“他帮助孤儿院的弟弟妹妹辅导功课的时候会笑，他救助街边的小猫咪小狗狗的时候会笑，他自己背着又脏又沉的大垃圾袋的时候也会笑，那种明朗、纯净的笑，好像我爸爸的笑……”她惴惴不安提着水果站在 Y 的宿舍楼下等着 Y，Y 却说跟兄弟们打游戏不想下去；她带着给 Y 的早点去 Y 的班级，Y 却说他已经吃了；她鼓起勇气对 Y 说“我喜欢你”，Y 说“我不喜欢你，因为你不好看！”不……好……看……你能怪一个普通男人有正常的审美么？不能！你能怪这个看脸的世界吗？不能！尊严顷刻间被摔得一地碎渣。可是，你能做的只是遵从客观规律反省自己的问题，直面问题，然后解决问题。以泪洗面几天想清这些问题的 N 小姐决定尊重自己的女性特质，壮实黝黑树墩子？减肥保养健身操！从此夜色笼罩情侣满满的操场上有 N 小姐夜跑的孤独背影，美容杂志各类面膜化妆品与讲究细致的服饰不断出现在 N 小姐的桌子上，健身房时尚论坛礼仪课 N 小姐都是常客。两年后，许久不联系的 Y 君发来短信：明天有空吗？N 小姐回复：明天去酒庄学习品酒课。Y 君：我陪你吧？N 小姐：谢谢你，Y 君，不必了。

参加工作第一年 N 小姐遇到 S 君，一位 N 小姐认为可以同他看星星看月亮从诗词歌赋谈到人生哲学的非庸俗青年。S 君可以为她写中文英文古典文三封同样爱意不同文字的情书，可以在她姨妈痛的时候为她买红枣买姜茶，可以在她生日的时候为她燃放烟花，可以对她深情满满诉衷肠：你走一步，剩下的九十九步我来走。恋爱的甜蜜时刻浸透着N小姐，甜得丝丝入扣，沁人心脾，纵使身边所有人提醒她S先生是一位凤凰男，可跟他在一起的日子，连吃路边摊都吃得津津有味，有情饮水饱就是这个意思吧。半年之后热恋期一过，华美恋爱之下的袍子被揭开，虱子跳蚤一大堆。你时刻要照顾他脆弱的自尊，优越于他的地方不能显山露水，因为他会发飙然后冷战不接电话不理你很久；你要服从他骄傲的父母对儿媳妇的挑剔，因为他们辛苦奋斗一辈子养了个有出息的儿子，他们不容易，所以他们非常疼惜自家的孩子；你要包容他为学妹擦眼泪，与女网友调情，与同学的朋友一起海边单独散步，因为他说这是正常的社交，否则就是你自己心理肮脏往龌龊的地方想，不大度；你必须辞掉你的工作跟随他，因为年纪轻轻不可以在家乡养老要接受挑战改变中国、改变世界、促进人类进步。一连串的“你要”，没有一个“我要，我们要”。那段时间，N小姐总是以泪洗面不知所措，她明明知道自己的底线被践踏，却因为长情与怕失去而委屈自己。她觉得自己隐约丢失的东西最让她惴惴不安。N小姐丢失的，是自我。好的爱情会让你更自信地做回自我，而不好的爱情只会让你不断迷失，不断否定，最后失去自我。那天在电影院里看《失恋33天》，黄小仙说：“尤瑟纳尔说过一句我一直觉得无比刻薄但又无比精准的话：世上最肮脏的，莫过于自尊心。此刻我突然意识到，即便肮脏，余下的一生，我也需要这自尊心的如影相随。”所以，捡起肮脏的自尊，S君，再见！迷失的自我，再见！

很久以后，N小姐总结说，不是所有的贵人都是慈眉善目的守护天使。他们有时候甚至带着冷漠傲娇无理凶如恶煞的面孔去刺激你，鞭笞你，先让你陷入死路羞愧万分没有余地，让你不得不去反省、审视自身、思变、反抗，最后实现自我救赎与自我升华。我听到这个观点愣了一下，她接着又说，那些年遇到的男孩教会我的东西，让我受益终生。如果不是因为暗恋W君一心想跟他站在平等的位置比肩，我这种懒人不会有那样的动力拼命学习到那个地步，他教会了我自我挑战；如果不是因为去跟Y君表白遭拒自我羞愧，我永远还是一个疏于自我管理与自我雕琢的懒女人和丑女人，他教会了我自我克制；如果不是因为爱S君爱到迷失自我而一再被践踏底线到后来忍无可忍，我永远不懂得珍视自我有多么重要！这些男孩教给我的情商课以及让我对人性的窥视，是多少钱都买不来，什么老师都教不会的。我一直都认为恋爱是女孩子修炼自己最好的课程，所以我心怀感恩。

我不禁细细审视面前N小姐，她名校毕业、年轻有为、优雅美丽，据说还觅得一才貌双全的如意郎君金秋时节步入婚礼殿堂，我一直以为她只是一位幸运的姑娘，却发现原来她的幸运也是一种实力。这种实力来源于她精准的自我观察，不断地自我反省，还有自我升华。感情上碰壁的姑娘太多太多了，可是大部分的姑娘为此付出的心碎，多数化作了不甘的抱怨与蒸发的眼泪，她们之中肯在一段失败的感情里自我反省、自我审视的人很少，做到自我升华自我改变的更是寥寥可数。所以很多姑娘总是在一个地方重复地栽跟头，将结痂的伤疤硬生生再次磕出血来。与其声声抱怨前男友们如何负心如何自私，不如平静下来学学N小姐从“战斗中”吸取经验武装更强大的自己。

想起来打小怪兽的奥特曼，他的战斗实力升级不是一直都是建立在磕磕绊绊的战斗中么？在战斗中失败，在战斗中修炼，在战斗中总结经验，在战斗中升华实力。凡是杀不死你的，最终都会让你变强。

致敬那些年让我升级的小怪兽，我的前男友们。

7、用理所当然的底气，找到自己的命中注定

前些日子，徐静蕾的新片上映，新片的通稿中少不了老徐的专访。老徐果然还是一派巾帼豪情，那句“我什么都有，你只负责善良单纯帅”的择偶标准，霸气地登上了搜索热榜。

上热榜的还有章子怡的订婚。太多人好奇章子怡这么一个阅尽千帆的女子，怎么会被浪子汪峰感动得泪水涟涟，点头答应嫁给一个婚史丰富的摇滚人士做他前妻娃儿们的后妈。

当然还有周公子周迅，在国人眼里这位超级影后下嫁了显然盛名不如周公子的华裔演员高圣远，这跟女星们一贯事业如日中天的时候选择急流勇退回归豪门相差甚远。

当然，你可以感受到她们掩饰不住的幸福，满满显在脸上，荡漾开来，看来的确是选其所爱。同一般意义上“女星与豪门”的标配看来，这帮顶级的中国女明星，真的是忠于自己内心的偏好与喜爱，给了自己一个完满的交代。

不过昨日，我在公司附近的路边摊上听到的倒是另一番对话。A 姑娘对 B 姑娘说：“婚期快到了，我真是越来越不开心，我发现我很难喜

欢上他。”B姑娘问道：“你不喜欢他干吗要勉强自己嫁给他？”A姑娘说：“嫁他就是图他工作稳定，毕竟结婚总得有个稳定的物质基础吧。”然后明显听出A姑娘底气不足，低头幽幽道，“我自己条件一般，工作一般，两个人如果都没个稳定的收入来源，日子怎么过得下去，至于感情，处处总会处出来的，磨合磨合就好了。”

听罢这么现实又无奈的对话，我用余光瞅了瞅旁边的A姑娘，寡淡的身影中夹杂着一丝丝焦虑的表情，一点儿都没有准新娘娇俏可爱的幸福感。我不禁心里犯了嘀咕：这种心态很容易造就一桩没质量的婚姻。

我无意审判A姑娘的选择，只是纳闷她为何将自己置于这么一个狭隘的选择之上。我身边也有着同A姑娘相似的例子，年纪轻轻择偶观却甚是沉闷。翻开报纸上的征婚广告，环肥燕瘦一圈妹子，不管自己什么文化水准撰写的征婚广告，哪怕语句不通都要对男方物质基础有硬性要求，而对自己的硬性条件倒是寥寥几句一带而过。也听过并不富裕的城镇边缘的小户人家，女儿刚刚进入适婚期，母亲就天天叨叨着东家的女儿嫁了有钱人，房子车子存款一个都没少，彩礼数目让丈母娘面子熠熠生辉。要不就是西家的闺女嫁得如何如何穷酸，父母真是白养了那个闺女，倒贴的赔本买卖，父母都在乡邻里抬不起头来。同那些追随内心的女明星相反，越是自身条件差强人意的姑娘，越是有着强烈的“被拯救”的灰姑娘情结。

客观地说，国内的社会环境和法律制度对女性有失公平的氛围，抑或曾经的贫穷让她们对物质匮乏有着明显的不安感。但是从主观角度说，我更加怀疑这部分女性眼光的长远性。太多自诩聪明的女性，在这么一个本该独立起来的时代，自鸣得意拿出封建文化糟粕的那部分作茧自缚起来。她们将自己原本的不如意，妄图通过婚姻为自己的困境买单。本能地将自己的性别放在一个弱势的地位，而且是一个没有自我尊严发挥主观能动性的弱势地位，只能在啜饮嗟来之食的时候，在嗟来之食的范围内做看似有自主性的选择，这就是她自认为理所应当的“等靠要”。所以A姑娘的选择范围中，她的偏好“她喜欢的”和她的要求“工作稳定的”，交集在一起的概率很小。

我没有办法否认现实的因素对幸福的影响，但是我一直认为没有太多感情浓度的婚姻一定不是高质量的婚姻。太多的时候，将自己本能的置于弱者地位上的女性，太急于追求偏安一隅的安稳了，于是逃避成长，逃避责任，妄图自作聪明地将自己人生的危机成本转嫁在他人身上，企图寻求一条捷径规避苦难。冯唐给这种思维做了一个定义，叫妄念：一个自己挥之不去，但又必须依靠他人才能实现的愿望。偏偏在她自己放弃自己成长责任的那一刻起，她就将自己脖子上的牵引绳递给了别人。吃人嘴短，拿人手短。弱者的选择只能是有限的选择。

但是对女性而言，这绝不是一个最坏的时代。多数勤恳独立的女子在承担着传统的家庭责任如琐碎的家务生儿育女的同时，若是坚决地肯走出家门，做着一份或大或小能让自己经济独立甚至能成就自己事业的工作，都能挺起腰板，理直气壮。而且越是努力，越是理直气壮，财大才能气粗吗！

经济基础决定上层建筑，正是这份自我独立起来的理直气壮，让百年前还屈服于父权的女子们，在生命中的选择充盈起来，丰富起来，趋向自我本能与自我偏好。当依靠自我努力实现经济的自我支撑的时候，抑制蛇吞象的贪婪欲望黑洞，你会本真地享受自我努力带来的自我成就和选择上的自由，更遵从自我内心而做出选择。所以，老徐说“我什么都有，你只负责善良单纯帅”，章子怡选择了悦己者，周迅嫁了贴心暖男，范冰冰玉手一挥，我就是豪门，重要的是门里的那个人！

这种不为五斗米折腰，不至于为那么两寸地二两钱暴露出计较的嘴脸跟短浅的畅快感，让那些点灯熬油拼命加班，歇斯底里地挖空心思写PPT的委屈升华了境界。作为一名女性，我自认为自己是敌不过自己DNA里设置好的感性偏好，选我所选，爱我所爱，才是我进行一段感情的基础。我无法想像在冗长的婚姻关系中，压制自己最本能的偏好将是一种怎样勉为其难的委屈。

反过来想想，我们的路都是自己走的，想给自己未来更多可能，就要为之付出更多的努力，而直面责任也是为之努力自我投资的一种。很多时候不能到达山顶，不是因为山高路远，而仅仅是因为自己鞋里的那一粒沙。太多的时候，身为女子，感激这个时代客观上能赋予我们更多选择的时候，更应该多多反思主观上自我的束缚。纵使当今女权主义再嚣张，你终究不得不承认，客观环境还是在男权社会的规则下运转着。徐静蕾那般“我什么都有，你只负责善良单纯帅”的巾帼豪情，也只是个例。无意对抗客观规则的我们，如果还有着如此这般的独立心性，给自己一个同男性平等对话的气场，那么请直面起自己的责任，给自己更多更能忠于自己偏好的责任，给自己更多选择底气的责任。

说得通俗点就是，为了更有底气找到自己命中注定的爱人，收起那套老掉牙的灰姑娘心态吧！这个时代，自我强大起来才是正解！

第五章

言论

1、谈恋爱这事儿，多听听“他们”的意见！

我的万年偶像周杰伦在当了准爸爸并且还不知道昆凌肚子里的孩子是男是女的时候就曾发话：生儿子的话就教她怎么泡妞，生女儿则不许女儿谈恋爱！

周杰伦对未来女儿的保护架势倒是让我想起来另一位风流才子韩寒。因为有个萌死人不要钱的女儿韩小野，韩寒早就跻身国民岳父。但是他对此也有着清醒的认识：女儿恋爱他一定要严格把关，我得考核一下他的职业前途，以免她遇上一个吹牛的。

不管这两位风流才子的女儿将来的恋爱前途到底如何，我们看到的倒是父亲们对女儿天然和谨慎的呵护。不过这两位自己都是一路风流过来的，一个跟着一帮捧月的小明星兄弟吆五喝六地到处耍帅泡妞，一个就是靠着不凡的文字功底说白了就是靠吹牛将自己风流一度理想过：甚至希望她们之间能够友好互助和平共处。

这二位无风不起浪地用传说中的各路绯闻碾压过多少娱乐新闻的头条，他们现在自己倒是将自己的男同胞们当作潜在的假想敌，“只许州官放火，不许百姓点灯”地限制起他们接近自己的女儿了，生怕女儿遭遇负心汉。

这种心理一千年前的苏轼就有过。一天他对高僧佛印说："你看我是什么。"佛印说："我看你是一尊佛。"苏轼立刻洋洋自得起来。接着佛印反问苏轼："你看我是什么。"苏轼想难为一下佛印，就说道："我看你是一坨屎。"佛印听后默然不语。于是苏轼便洋洋自得地向苏小妹说起了这件事儿，苏小妹回答道："哥哥你的境界太低，佛印心中有佛，看万物都是佛。你心中有屎，所以看别人也就都是一坨屎。"

当然苏轼肯定不是屎，周杰伦和韩寒也不是。倒是他们这种对女儿急切的呵护心理而产生对其他男性的过度防御，多少说明了他们自己内心对自己的风流也并不是完全认可。而这种不认可恰恰因为知己莫若己，作为男人，他们早就看透了男人的真实属性，也就是他们自己的本质属性。

所以我一直认为，女人最好的爱情军师，永远不是女人自己，而是身为男性的男同胞们。

我有个火眼金睛的毒舌男闺蜜，绝对是不带杂质的有着高纯度革命同志情谊的男闺蜜。我交的男朋友在他那里就像X光扫描仪一样，里里外外通通透透地被全面检查一遍。因为我这位男闺蜜清醒又毒舌，所以不免在我陷入热恋爱得不能自拔的时候大泼冷水，让人不爽到透心凉。

而热恋中的女孩受不正常阶段荷尔蒙的影响容易昏头，只听自己想听到的，对待诤友逆耳忠言的态度基本是阶级敌人的立场，所以我的男闺蜜一度被我打入冷宫誓死不相往来。

热恋的时候我更喜欢跟我的女生闺蜜一起分享感情中甜蜜的点点滴滴，因为同为女人，感性有余理性不足，受过大量韩剧的熏陶终于有机会亲自恋爱一场，多年积攒的多巴胺需要浪漫地释放一下，有同理心简直再正常不过了。恋爱中每个白痴的小细节和矫情的小感伤，讲给女闺蜜听，她都会跟你产生强烈的共鸣，或乐不可支，或同仇敌忾。比如你说你今天被男朋友强吻了，女生闺蜜立马两眼放光，感觉你男朋友霸道得好帅气。而如果你的他因为工作太忙而非故意忽略你而你却在闹小情绪，女闺蜜也许会开导你一句“不要多想”，但是下一句多是“他们男生都是那样啦”，自然而然地与你站在一条线上对男生表示同样的不满。因为女闺蜜自己也是女生，女生分析恋爱，只会用女生的思维感受女生眼中的恋爱关系。

我和男友分手以后闷闷不乐的时候，我翻来覆去辗转难眠地思考为什么昨天相爱的人今天就可以成陌路，在我确定我不需要任何过多情绪上的倾诉而是需要理性分析的时候，我觉得男闺蜜比女闺蜜更能揭示真理，因为“内奸”才是最可靠的情报提供者。我问他，为什么你们男生比女生投入得快也抽离得快，你们到底会不会认真喜欢一个人？

我的男闺蜜告诉我说：从动物属性上来说，不会！因为自然界的雄性动物具有繁殖的本能，以便保证自己的基因能够延续下去。为了保证自己的基因的延续性，雄性动物会本能地争取繁殖资源，比如占有更多的配偶，采取各种各样的手段。所以这可以很好地解释为什么那个昏迷花心男会有 17 个女朋友。可是纵使不能脱离动物属性，但是人类能被称为人类，是因为人类在自身的进化上有一定的能动性，这个能动性造就了人类的社会性，正是因为这个社会性有了道德和克制。所以进化完全的男人在道德的约束下，是会对自己行为有所克制的，而爱就是克制。所以，男人肯定会认真喜欢一个人！

我揉了揉发酸的眼眶，看着不计前嫌又客观冷静的男闺蜜，嗯，谢谢你。这真是一个客观得冷血但算温暖的回答。

跟我有同感的还有同事莉。莉说之前她曾经谈过一个男朋友 N，人很上进、要强、肯吃苦，但是家庭条件不大好，但是对莉不错，各种贴心、各种呵护。莉的成长环境一直很优渥，从小就是温室里呵护长大的花朵。莉的父母也不是嫌贫爱富之人，觉得只要女儿喜欢怎么都好说，年轻人只要勤快，钱终归是可以慢慢赚出来的，小日子也会越过越顺当的。

但是莉却心里有些不安，因为尽管莉自己和父母都看好这段恋情，但是莉的男朋友 N 却是一个非常强调自尊的人。长期的贫穷和过分的要强让N有着脆弱的敏感和极端的自尊心。这些特征在他们交往中逐步显现出来。比如莉平时逛街在男装区看到好看的衣服自然会想到N，欢天喜地地买回来送给N，以为N看到之后也会满心喜欢。但是买回来之后N却非常不开心，N对莉说，用不着你可怜我，给我买衣服。莉立刻委屈地解释道，我没有可怜你，你误会了。我买给你衣服就是单纯的女性想送男朋友礼物的心思而已。又或者莉带着男朋友N和朋友一起吃饭，开始就说好是莉的朋友请客。但是结账的时候N坚持付款，哪怕闹僵了也要坚持付。结果算下来发现钱没带够，莉说要帮忙付，N立马扭头就走，留下莉一个人在尴尬的气氛中泪水涟涟。

这不是莉和N唯一的“尊严”冲突，在此之前各种误会也让莉心生委屈。但是想起N对她的各种好的小细节来，她总是觉得这些都不是原则问题，自己适当忍一忍，下次说话多多注意，避免冲突，对N慢慢开导，也许情况会有所改变。

在实在忍不住委屈的时候，莉把这些事情都告诉了自己的母亲。尽管非常心疼女儿，但是听着女儿谈论着各种恋爱中交往的小细节，各种恋爱中女人才能体会的酸甜苦辣，在莉的心路和情绪的带动下，母亲对莉的善良和不舍感同身受：上一刻明明发自内心地替女儿感到不值，下一刻看到女儿的自我安慰和自我反省也觉得并不是没有道理，这样一个肯吃苦又上进的男孩子不容易遇到，好好引导一下，或许事情会有所改观。所以母亲也跟着莉的心思一起琢磨，要不你把他叫来家里，我跟他好好谈谈？

这时候，莉一向开明的父亲突然大发雷霆：谈什么谈！这样的男人根本不能要！跟了他咱们闺女就得受苦一辈子！从现在开始我反对你们俩在一起！

莉一听父亲要反对他俩在一起，立马跟父亲大吵起来。可是父亲却对莉说：莉啊，爸爸不是害你。你根本没有必要反省那么多，你那是矫正过度！这种极端强调自尊的男人真的不能要！我从不看轻他的家庭条件，但是他的做法说明最看不起他的是他自己！一个男人如果因为贫穷而生出极端的自尊，那么他在为人处世的眼界和底线上自觉地都会逊人一等，只会把自己的无能转发在爱他的人身上。这样的男人害人害己不说，最终还一事无成！

莉怔了怔无言以对，心里开始思考父亲的话。倒是母亲看到对莉大吼大叫的父亲，对莉心疼不已，过来劝慰道：为什么对自己的闺女这么凶，孩子还小，慢慢来就行了么，感情也不是一天就能断掉的。

莉说她怔住了是因为她被父亲的话语击中了。整个事件中，她和母亲一直在女性的感性思维观里强调情绪上的自我感受而忽视客观事实。而父亲却跳过纷杂无用的情感陷阱直面事实。莉说，男人更懂得男人的尊严，同为男人的父亲对男人的心态有着最本能的体会，他的揭示刻薄尖锐，但是确实真实客观。

因为莉想起来，那件伤了N自尊的衣服N还是要走了。在发了一通脾气争取尊严之后，N很自觉地拿走了衣服，后来还跟莉打趣道，反正钱都花了不能白花是吧。至于那次的坚持付账后发现现金不够的赌气离开，N再也没有提前甚至不去问问最后到底付账的是谁，就像这事从来没有发生过一样。

想到这里，莉突然有了一种醍醐灌顶的清醒：男人看男人，果然眼光神准！

知己莫若己。有人说男女之间的爱情就是一场没有硝烟的战争。而女人在爱情这场战役中，最好的军师，还是“敌人”自己。跟男人谈恋爱这事儿，还真的要让同为男人的旁观者参谋一下。那本畅销的两性读物《女人来自金星，男人来自火星》，书名就明了地告诉我们男女性在思维上的差异中间还隔着一个地球。

太多时候感性的金星人与其陷在情感的沼泽里自我纠结，自作多情，不如跳出自我逻辑圈，多听听火星人自己怎么说。我一向认为火星人有着超越金星人的专注和清醒：相对于金星人感性地依赖情绪上的判断，他们去杂抛繁更倾向去直奔事物的本质做出直观的判断。而他们自己对自身属性设置的了解，在情感上比女生有着更清醒的逻辑与思考。这种思维上的“借力”对变换角度、对还原情感上客观的一面大有裨益。所以，那些让女生流泪的虐心言情小说和浪漫偶像剧的作者和编剧都是女生，正是女生自己意淫了现实世界中不存在的男主角和泡沫一般的浪漫爱情。而这一套升华的女性自我意淫的情感剧本，除了多费一包纸巾，“如己所愿”按部就班满足女性的自我安慰外，在现实的恋爱体验中可以借鉴给女生的东西毕竟有限。当本身就带着感性基因的女性同胞带着被剧情洗脑的意识回到现实和真正的男人恋爱而发现事实并非如此的时候，失望值便迅速翻倍。

回到文章的开头，周杰伦总是听妈妈的话。而身为女生的你，如果不想多谈一场失望的恋爱，多听爸爸的话，和那些将来要做爸爸的男同胞的意见！

2、半生误我是痴情

我小时候看的最多遍的电视剧就是《新白娘子传奇》。

我之所以将这部电视剧看了又看，很大程度是因为儿时的我思维结构简单，并且完满的结局能带给你满足感与安全感。剧情爱憎分明、人物脸谱化，你看白素质贤良淑德，小青忠心活泼，许仙情深义重，还有各式各样的配角，比如幽默但是热心大度的李公甫一家，有原则不近人情但是也修得圆满的老和尚法海。这种腔调欢快的喜剧式爱情电视剧让你虽然跟着剧中人物随着跌宕起伏的剧情大起大落，但是总有着这样笃定的安全感：所有挫折与分离最终都将以圆满的修行结束，这对恋人终将长相厮守。

可是就在同时期，徐克也拍了一部同题材的电影，由王祖贤和张曼玉主演的《青蛇》，据说在香港当时票房大好，可惜很多年后才引进内地。当我依旧抱着白娘子式的欢快心情第一次去看《青蛇》这部诡异的电影时，内心的落差与震撼久久不能平静。我捂着沉重到如同装满了铅块的心脏，看着金山寺外为了争取简单的伉俪厮守权利同法海斗得天昏地暗的青白二蛇，与金山寺内求着息事宁人唯唯诺诺背叛爱情而出家的许仙，对比鲜明。

你为他出生入死同世界为敌，只为与之长相厮守。而他只求息事宁人，寻得一丝乞来的风平浪静。

那个情深意重生死相依会深情呼唤娘子的许仙到底去哪了呢？白蛇在动了胎气而失去力量难产的时候，依旧不忘托付这个曾经相杀相爱的小青去金山寺里救相公出来。于是，在漫天洪水凄惨寥落若世界末日的背景下，青蛇带着枯槁又焦虑的气息化作一股正义的妖气，游离在黑暗无边的金山寺内，寻找着五感被封的傀儡许仙。去之前，白蛇赌上了千年的道行在这段人间的情份上，很可能满盘皆输。青蛇问白蛇：姐姐，你千年修行就为了一个许仙？值不值得呀？ 白蛇说，值不值得轮不到我想，现在我只要救许仙出来。

找到许仙的时候，许仙已经剃度。那个不谙人间世事的青蛇留下了一滴人的眼泪，目睹着随洪水远去的雷峰塔，方知姐姐已经不在了，听着五感被封宛若傀儡的许仙念叨着“小青，贪恋红尘是不应该……罪孽……忏悔……”。

青蛇一剑刺死了摇摆软弱的许仙：你应该去陪着姐姐的。

跑男 2 上映的发布会，陈赫又出来道歉了。在发布会前，主办方就通知媒体尽量避谈各位成员的感情问题，群访环节，陈赫却突然站起来说道：“前一段我的事情（离婚门）给大家造成了很大的麻烦，这里道个歉。”说完，他深深鞠躬长达 3 秒钟之久。

他给大家道个歉的真诚态度，让我想起了金山寺里的许仙。《青蛇》里压抑黑暗的金山寺里，许仙一个劲儿地给一群事不关己的和尚磕头道歉，我错了，我错了，我出家还不行吗，贪恋红尘是不应该……罪孽……忏悔……

许仙该道歉的人，不是只会站在道德制高点上说三道四的金山寺和尚，而是为他与世界为敌，为他压上自己千年道行与永世情深的白蛇。

陈赫的上一次道歉，也是一个劲儿地对着公众说，我错了，我错了，我错了。因为各种人情世故，各种忙碌，各种好聚好散……理由冠冕堂皇之后，又是我错了。可是刚刚错了没多久，就爆出与已婚张子萱在一起已有一段时日。于是网友各种鄙视、各种谴责，漫天盖地，又一波袭来。

犹记得陈赫扮演的曾小贤常挂在嘴边的那句台词，好男人就是我，我就是曾小贤。于是陈赫就这么一直被扣着老实的好男人的帽子。而青蛇问白蛇，白蛇也是那么一句，许仙是个老实人。

在这个老实人被谴责攻击的时候，陈赫的前妻许婧，这个曾经为了陈赫的前途与各方人情世故经济利益而苦等十四年，离婚后依旧为了他的前途与各方人情世故经济利益而陪他忍痛上通告而演绎恩爱夫妻的前任，各种心疼、各种维护：他只是个脆弱的孩子，却是我的亲人，请大家不要攻击他。

而那个已为他人妇的“小三”张子萱，也是爱得发狂。瑞丽首席模特出身的她奋斗多年，刚在影视界略有起色，便搭上了自己名声走了这么一遭。可是同为“罪人”、同样顶着骂名、同在演艺圈的张子萱，却没有理会身后各方人情世故经济利益，背水一战地在微博发文承认在一起，并且晒出了自己的离婚申请书，决绝地表明在一起的心意已决。

一个纵使遍体鳞伤依旧护夫心切，一个纵使与世界为敌也只要一起厮守，这两个女子各执一面，合起来恰恰是一个情深义重的白娘子。爱得情深，爱得广阔，爱得纯粹，爱得毫无保留全盘托出。

陈赫向与其没有任何关系的大众道歉了两次，态度像许仙给那帮无关紧要的和尚忏悔一般虔诚不已。可是对这两个情深义重的女子，始终沉默。

于是，许婧不断发着治疗情伤的旅行照片，张子萱的演艺事业全面停摆。陈赫为了他的前途与各方人情世故经济利益，道歉以后，继续撕着名牌。

所以青蛇问白蛇，姐姐，你千年修行就为了一个许仙？值不值得呀？

许婧和张子萱的回答是什么，还没人知道。偏偏她俩都是被爱驯服得彻底的白蛇，能一巴掌灭了陈赫这货的青蛇，没有。

青蛇的影评里，有人说许仙没错，他只是个软弱的好人。他的妥协出家，也是为了制止这场漫无止境的人神大战而息事宁人，求得一分安详与平淡。这是一份大局观。

所以很多人不解，为什么青蛇找到许仙的时候，留下一滴眼泪，说许仙背叛了她们。

白蛇被压雷峰塔前对青蛇说："小青，我来世上一趟，一事无成，半生误我是痴情，你永远不要蹈覆辙。切记！"

我们年轻时候爱的那些老实的男人们，他们格局大，理智足，满口仁义道德，懂得忍辱负重兼顾各方人情世故经济利益，软弱又善良。

清风吹动了他们白色的衣衫，一切宛若初见。

其实错也不都在许仙，要怪只怪天下的女子将爱情看作自己的终极人生信仰。将爱情看得太纯粹，爱得太彻底，彻底到不给自己留任何余地。

陈赫若是活得很好也不错，因为这是白蛇们的心愿，他人永远不懂的情深义重。

人生如此，浮生如斯。

3、没有与生俱来的美丽与天赋，我们拿什么来拼？

（一）

如果你问我华语圈最美的女星是谁，我会毫不犹豫告诉你，是张柏芝！

在美图秀秀、Photoshop流行的年度，全民皆P，P美P瘦P白P大。大龄少女女明星结婚的时候，婚礼现场图片都不允许现传，要经过N轮的修饰跟审查通过后，才可流出；而有些女明星，所有照片一个角度的侧脸，一个弧度的微笑，一个姿势，将角度美女进行到底。唯独张柏芝，从早年的星语心愿开始，她的照片很少刻意雕琢、刻意修饰，很多街拍都是美得懒散、美得漫不经心，更没有其他女明星故作矫情地像母鸡一般挺起胸脯惺惺作态。她的美是与生俱来的天赋，360度无死角的美，美得自然天成，美得理所应当，美得天经地义。

她本来可以靠脸吃饭，天赋与才华却偏偏也是百里挑一。上天好像特别厚爱她，给了她如此的美貌的同时，又给了她如此的演技才华，让她如虎添翼。所以出身草根学历平平甚至一个良好的家教都拿不出手，没有受过任何系统表演教育的张柏芝，仅靠着一部部电影的经验积累和对自己电影的天赋上的理解，在不到而立之年凭借《忘不了》中小慧一角问鼎影后。真正努力过的人，就会明白天赋的重要。要知道，郑秀文那么努力、那么拼命，还是在金像奖上专业陪跑十四年。

可偏偏，这个从小颠沛流离的姑娘没有珍惜这份来自上天的厚爱。她父母身份情史复杂，童年就到处辗转，居无定所，年纪轻轻演艺圈出道，就担负起赡养全家的重任。她又太过随性，太过脆弱，又太容易相信别人，情绪时常随着心性大起大落，典型的性情中人。她的敏感与不安，是深入骨髓的。这份敏感与不安造就一个敏于生活而激发创作灵感的影后级演员的同时，也带着毁灭的倾向。她成名太早，又依仗美貌与天赋同他人相比，一切来得太过容易。有着童年贫瘠的成长经历，她带着骨子里的卑微一夜成名，成为万众瞩目的焦点，成为全民宝贝，尽享大众的宠爱与呵护。这种经历如同过山车一般，灰姑娘与公主，一眨眼的时间。于是带着一种近似暴发户式的补偿心理，她纵容与放任自己内心的任性与不安。那个时候，她太美，错误任性也统统有人照单全收。这些人中，有爱她的影迷，也有偏袒她的经纪人，也有曾经爱过她的男人。

当她一再挑战别人的底线却依然因为她的美丽与天赋而得到纵容与原谅的时候，她心理上的贫瘠得到了彻底的满足而变得居功自傲起来，于是便从一个极端到另一个极端。私生活上的迷乱外人不好评价，但是随便懒散和不专业的恶劣的工作态度有目共睹，片场迟到跟爽约已是常态。她知道大众对她美貌的迷恋和两个孩子的母亲身份的同情，于是她用她天生的演员天赋博取舆论的立场。所以她可以在离婚前夕，前夫获得金像奖影帝去领奖的时候哭得梨花带雨楚楚可怜演绎一番夫唱妇随的合鸣曲，虽然私下他们已经严重地貌合神离；她也可以在二人离婚舆论关头接受采访时冷若冰霜，但是会主动提醒摄影师可以拍一张叫作“笑着流泪的张柏芝”的照片，然后“唰”地一下子一秒钟眼泪就流了出来供摄影师拍摄，至于各种单身母亲含辛茹苦拉扯孩子的照片更是常见报端。你不能否认她的辛苦，但是更多的大众可以切身感受到的是：美貌与天赋曾经带给她太多，它们对她的索取已经不堪重负。而她的美貌与天赋，已经支持不住她放任自流的随性与堕落。没了年轻，任性将不再能成为怠慢人生的借口。

这之后，负面消息接踵而来，先是她的电影均遭遇票房滑铁卢，再是前辈、同辈的各种关乎工作态度、工作水准的负面评价排山倒海，一时间口碑差评纷纷而至。直至最近，连一向将她视同己出而对她一路提携的“娘家人”向太陈岚因为她工作水准太过敷衍而工作态度太过嚣张而痛心发飙，宣布对其永久封杀的消息再次印证她心性上的致命缺点：因为太过放纵自己的任性与软弱，身为性情中人的张柏芝，生生将自己手中的绝世好牌打成了一场人生烂局。

（二）

同吃娱乐圈这饭碗却没摸到天赐的魅力与天赋这手好牌的，譬如吴君如，譬如刘嘉玲，现今却是实打实的人生赢家。

吴君如凭借《洪兴十三妹》获得金像奖影后领奖，颁奖嘉宾宣布影后由吴君如获得，一句“有请大美女吴君如上台领奖”让吴君如泪如雨下。姿色平平的吴君如没有吃到当花旦演员的颜值饭，年轻的时候不但为此被男朋友杜德伟嫌弃，甚至还一度濒临雪藏。跟她同期出道的训练班学员邓萃雯、蓝洁瑛、曾华倩都是绝色佳人，花旦女一号远远轮不到她。

谁不渴望有张柏芝般的运气，起点高角色好，演的都是花旦女主角。可是吴君如只能从演美女女主角身边的搞笑绿叶开始。不过她既没有放任自己的不如意与失落，也没有放任自己让命运随波逐流。她后来被王晶发现，又同周星驰重逢，她的演员生涯发生了化学变化，但是定位依然不是花旦，而是“笑旦”。她倒是珍视这样的机会，认真敬业，不顾形象勇于夸张扮丑、极尽搞笑之能事，从不介意自己的“大笑姑婆”形象，工作态度令人敬佩。

直至机会来临，她及时把握，出演《洪兴十三妹》轰动香江，剑指影后席位。那个一直嘻嘻哈哈的大笑姑婆却为颁奖人请她上台时的那句“有请大美女吴君如”潸然泪下，她事后也做出了坦率的解释：我的眼泪不为影后奖杯而流，而是我努力了这么久，才有被叫作美女的资格。

因为被叫作“美女”而感恩，这之间的心酸努力与自嘲背后不为人知的委屈，都在那一刻有了最诗意的交代。

你真的以为她不美？她确实不美。但是这个年龄的她到现在依旧计较着食物和运动的卡路里。拿出现今和出道时候的照片对比，你不但会惊讶她更加分明的棱角和满是风情的眼角，你更会感叹岁月对女人气质的雕刻。

所以你看，被公开称作“美女”都已经过去十多年了，吴君如依然珍惜着介意着这个“雅称”，微博起名为：吴君如大美女。再往后，这个曾经笨丑的十三妹，脸上带着岁月馈赠的傲人气质，优雅地挽着大导演老公陈可辛的手臂秀着恩爱，穿起各种美女才有资格穿起的缎面礼服，笑傲各种红地毯。

（三）

吴君如的同期同行刘嘉玲，则是我的终极偶像。在我看来，她是一个人生传奇。

20 世纪 80 年代初，她随父母从内地来到繁华的香港，在香港开始了她的传奇人生。论相貌，她的风姿绰约绝对是后天人生历练而成，早期出道的她也并不是独占鳌头的焦点人物。1990 年，刘嘉玲因为不肯接拍三级片得罪黑帮老大还发生过轰轰烈烈的绑架事件，名誉身心皆受挫。

但是她生性要求不肯低头认命，之后佳作不少，逐渐投身商场。就在绑架事件已成陈年旧事之时，她的受辱照片被公开刊登在不良娱乐小报上，一时舆论哗然之势不亚于之后的艳照门事件。

这是让任何一个女人因为耻辱感没有勇气面对人生的打击，但是她却坚强面对，在大众面前坦白当年的被绑架事件所受到的伤害，直面痛苦。她在娱乐圈多年累积的好人品这个时候大爆发，五百多名香港影艺界人士举行游行，抗议香港《东周刊》刊登她多年前被虐裸照，刘嘉玲上台发言做出声讨："我今天来这里，想对爱护我的人，支持我的人和一些想伤害我的人说的是同一句话：我比我想象中更坚强。如果这样一件令人难过的事情，可以令大家警觉到传媒的职业道德对大家的生活环境的重要性，那其实我受到的伤害真是算不得什么。所有的困扰和愤怒，我都可以释放。"她感恩大众对她的宠爱，却不过分顾影自怜，不恃宠而骄，更不会绑架大众的同情。她抱着谦逊的姿态将自己受到的伤害转移到一个需要引起大众正视与思考的大格局上，去促进更有境界的升华。之后，香港娱乐舆论自我反省道德底线，无良媒体《东周刊》停办。

而后刘嘉玲转战商场投资楼盘，专心赚钱养家，因为她知道她的男人生性喜静不爱交际只爱演戏。林青霞就曾经对刘嘉玲说过，你要好好呵护和支持梁朝伟，他是一个天生的伟大演员。于是刘嘉玲就放开手里的线让他去他自己喜欢的领域里安心地翱翔，自己去做养家糊口的大女人，给他一个踏实的后方，而不去纠结于普通女人家长里短的狭隘。梁朝这个时期佳作不断，《无间道》《商场》《色戒》都是其人生中里程碑式的代表作，你能说没有背后那个女人的功劳？

这个姿色平平天赋平平的女人，凭借着踏实的心性和要强的自我克制，还有执着的自我坚持交出了“不辜负青春，更不辜负年华”的完美答卷。她喜欢纵容一切她爱的身边人，却唯独不肯纵容自己。她从不要求伴侣一定要对自己有怎样的交代，尊重爱情婚姻本身，自己对自己的人生负责。如果说折桂影后头衔张柏芝少年成名靠美貌与天赋，大器晚成的刘嘉玲靠的是岁月的打磨和岁月的沉淀。美貌和天赋上不占多少优势却人生道路不算平坦的刘嘉玲，一直抱着敬畏的心性去品味与参透人生，所以岁月送了她沉稳优雅的气场大礼。现在的刘嘉玲身上，你看不到这位曾经土得掉渣的“北妹”身上有任何的浮躁喧嚣和歇斯底里，只汩汩流出从容大气的大将风度。而这种风度，又将她优雅卓绝的女人味结合得恰到好处。刘嘉玲也时不时回老本行玩票一把，友情出演徐克《狄仁杰通天帝国》里的武则天，用她对人生厚重的理解演活了武则天的霸气，一举折桂影后头衔。

而她最具说服力的赞美是来自情敌的认可：曾华倩说她“你真超人”，张曼玉则晒出同她的合影，写道：岁月极美。

（四）

可惜我们都是圈外人，娱乐圈中的是是非非，我们最多也只是管中窥豹。可是那又怎样，见贤思齐见不贤而内自省也是个举世真理。我倒是觉得这三位影后用各自的精彩对我们多少有些启迪。

上天到底公平不公平？确实不公平，越是努力越是发觉天赋与天生的美貌的重要性。努力确实是个跳出困境的好办法，但是成功却是天时地利人和的事儿。你自己的努力最多占个主观上的人和。人家手里开场就是一手好牌，稍一用心灭掉你是分分钟的事儿。

可上天却也是公平，他还是给了凡人们一些逆袭的机会。美貌与天赋如同一辆巨大的战车，火力十足却也树大招风。名利场上的诱惑对出头鸟有着别样的偏好，考验与荣耀如同连体婴儿般降临，形影不离。与其说天才征服世界才是成功，不如说天才更需要征服的是自己的意气。

上天这个时候对天才和凡人而言最是公平，比的就是克制与心智。

天才有天才的克制，笨鸟有笨鸟的克制。天才需要克制名利场对她的糖衣炮弹式的溺爱，需要保持自己对成功停滞的警惕，需要懂得学会感恩与珍视自己的天赋所得而不是骄傲自满地放纵自己。可这些，张柏芝统统没有做到。她太狂傲，她的心性驯服不了她的天赋，征服不了自己的意气。

而平凡的人们则需要克制天赋不足，而在追求成功漫长的等待上不断地自我怀疑与自我否定。更多的时候，最大的否认不是来自外界的压力，而是来自茫然若失的自我否定，以及是否有着东山再起把握方向的自信。因为一切来得太不容易，所以格外珍惜。

而这一路上因为克制得来的珍惜与否，恰恰决定了此人彼人的心智。因为手里天生的天赋好牌不够，所以更需要在犯错失败的时候总结经验；因为太过平平而不甚受宠看尽人情冷暖，所以更是深入体会人情冷暖而通晓人性学会不卑不亢；因为格外努力却不总有等比例收获，所以更懂得格外感恩与知恩图报。

这种被岁月打磨出的圆润智慧与情商，我们称之为心智。

等你摸出心智这张王牌，你却早已不在乎天赋那张好牌。因为步步经营出的心智早已在自己手中牢牢把控，而未被驯化的天赋，倒是需要看天吃饭，是个运气活儿。

这不，刘嘉玲刚凭借着这股心智穿起 19 年前的华服，挽着那个 19 年前的男人，比 19 年前容光焕发 19 倍地来了一次女王般的生日宴会，对着一大帮人生挚友发表生日感言：“现在才是人生最灿烂的时候。”

4、生命中不是所有的贵人，都让你如沐春风

前胖妞小莉终于让我体会到什么叫“士别三日当刮目相看”。这姑娘从上大学开始嚷嚷减肥已经8年都没将革命进行到底，结果这次大半年没见，成功减肉40斤。别说什么肉感美女丰满性感，不是人人都是杨玉环，大部分普通人如小莉，瘦下来之后长发披肩，清秀佳人，气质剧变，正能量正桃花爆棚，堪称《LET美人》现实版。

问小莉用了什么如此奇效的减肥方法，她苦笑一声说：失恋。

细问之下才得知，小莉青梅竹马的男朋友半年前劈腿一位骨感美女让小莉大受刺激。之前的减肥计划三天打鱼两天晒网，用小莉的话说当时没有被逼到那个份儿上，人的惰性会让自己处在一个懒散舒适的区域混吃等死不思进取。直到有一天为自己的懒散与惰性付出代价，你赫然发现，自己当初对自己的小不忍，换来今天别人对你的大残忍。痛定思痛后，就像被逼上悬崖，只能釜底抽薪背水一战。每当再想贪吃偷懒，只要想想自己当初的堕落导致自己被别人选择和践踏的命运，想想那位清秀骨感的情敌，不由得从心底发狠，使劲儿鞭策自己管住嘴，迈开腿直接跑上跑步机。分不清从身体滑落的，是泪水还是汗水。

小莉笑笑说：能成功减肥收获一个更自信更光彩的自我，其实最该

感谢的还是那位骨感美的情敌和那位不念旧情的前任，他们才是我的贵人。只是你生命中出现的贵人，不是都让你如沐春风。

其实感情上被不是如沐春风出现的贵人刺激到的，还有小S徐熙娣。那场著名的“三角恋”事件中，小S最初是彻头彻尾的受害者。原本恋爱大过天的她好不容易倒追来当初资历名气都比她大的黄子佼，因为崇拜和爱慕在这段关系中对黄子佼一直仰视不已。她的生活、她的工作统统都以男友的事业和生活为中心，心甘情愿地做起不平等的爱情里的附庸，只因爱得痴缠。可惜这段关系在小S全情投入辛苦维护的第四年，最狗血的事情发生在小S的身上：防火防盗就是没防得住闺蜜，黄子佼居然和小S的闺蜜曾宝仪走到一起。在伦敦旅行的路上，毫无准备的小S接到黄子佼的分手电话，爱情劈腿与友情背叛的双重打击，让她觉得世界轰然崩塌。

那边的前男友和前闺蜜爱得水深火热，相信当时她有不少不为人知的自我挣扎和心酸。后来范玮琪的MV《可不可以不勇敢》里记录了小S失恋后一段时期的颓废与无助：伤太重心太酸无力承担。不过幸运的是小S也像MV里所描述的那样，积极地从失恋中走了出来，带着深刻自我反省与更高的自我要求从阴霾中走了出来。这之后的小S开始积极面对自我，不再因为不自信而自卑地在舞台上站在姐姐的背后，靠插科打诨寻求存在感。她染黑满头金发，摘下眉环，脱下各种用来吸引观众的奇装异服，戴上牙套，苦练起提升身体形态和气质的国标舞。把当初全身心投入到恋爱的痴缠与心力，投入到自我提升上来。

美女都是狠角色。小S这种先天条件一般的后天美女，只能对自己狠则又狠才能脱颖而出。看过小S国标舞的纪录片，她对自我要求的苛刻程度和专业要求令人叹为观止。正是因为这份带着狠劲的自我鞭策和自我坚持，学舞有成的小S在台北雅士达夜总会，举办了生平第一次国标舞成果展。那天她身着一袭黄色的性感舞衣露出美背，整个人星光耀眼，妖艳多姿，气场逼人。短短10分钟的动感表演，让在场啦啦队和亲友团尖叫不止，镁光灯闪成一片。

那之后的小S不仅摘下了牙套，还练就了一幅前凸后翘的身材和焕然一新的气质，带着炼狱中重生的自我信念和人生阅历，从一个开始靠搞怪装扮取胜的丑小鸭逐渐演练成语言犀利、掌控节奏一流、主持风格独树一帜的主持人。她和蔡康永搭档的《康熙来了》因为她的麻辣观点和直白坦率，搭配蔡康永的睿智理性的读书人的气质让节目耳目一新，引发收视狂潮。而这时候的小S也成功跻身一线主持人，晋升为金马奖、金钟奖的常规主持人。这时候，她也遇到她的真命天子，现世安稳岁月静好，生下三个漂亮的女儿，事业爱情双双成功，成为真正的人生赢家。

风淡云清之际，2010年的金马奖上，小S遇到当年的情敌曾宝仪。她大方拥抱曾宝仪冰释前嫌，对当年的伤害反而看得很轻："我也嫁作人妇了，其实都是成熟女性，也没有再计较过去这些小情小爱的东西。”之后黄子佼来到《康熙来了》做嘉宾，小S回首从前往事，虽然无限唏嘘但也向黄子佼真诚地抛出橄榄枝，反而因当年公开分手事件而对黄子佼造成的不良影响表示道歉，令当初劈腿的黄子佼无限感慨。

我们在人生遭遇瓶颈与困境之际，都曾希望可以天降贵人，从而点拨我们，开化我们，拯救我们于危难之中，帮助我们去跨越障碍从而达到一个人生新境界。只是我们印象中的贵人都被我们自己的惯性思维和道德标准绑架成一种模式，觉得生命中的贵人都该是救苦救难于危机之中，让人有如沐春风之感。而对那些有意无意给我们带来挫折与挫败感的人避之不及，甚至恨之入骨，觉得他们是我们生命中阴郁而深重的灾难与负担。

只是时间苦难深重，哪里会有那么多让你如沐春风的天使和正能量来提醒点化你。就像女企业家金赏月在《推开门，就是幸福》中所言："这个世界上，有些人是来度你的，他们给你磨难，就是让你的自我价值得到更大的提升，变得更好。那些人，我们也应该心怀感恩。”这些带着苦难与挫败度你的人其实也是天使，只是他们对你是一种逆度。逆度你的人带来的负面境遇逼迫你直面现实、自我强大。而能让这些逆度你的人成为你的“贵人”的人恰恰又是自己。不服还是屈服，天堂还是地狱，天使还是魔鬼，其实都在你自己一念之差。无论是小莉的感激还是小S

的感谢，其实都是站在敢于对自己狠心和忍辱负重地自我提升的逆袭成功之后，成为人生的赢家之后才有的境界和资格。这之前的原谅与感激，都是绑架在空泛的伪善和空虚的道德制高点之上的大空话。

这种逆度通常最初“必先苦其心志，劳其筋骨，饿其体肤，空乏其身，行拂乱其所为”，让人对自我价值产生严重的挫败感和否定感，生生将原先不愿接受、不能接受的现实摆在面前强烈刺激当事人。有些人肯于在教训中直面自我、反省自我，肯于直面自己的短处而对自己狠心开刀，在凛冽的事实面前不肯屈服执着自我，在跌倒的地方重新爬起来。而有些人则像将头埋进沙子的鸵鸟回避现实与事实，他们缘木求鱼自欺欺人自怜自叹，既没有勇气去承担现实中自己挫败的那部分原因，也没有勇气对自己的惰性缺点狠下心来，只能带着被害者心态将一切罪状以泛道德化的理由完全推到别人身上以减轻负重感，原地踏步甚至不进则退。

所以，同样是“天将降大任于斯人也”，前者经过炼狱般动心忍性，曾益其所不能。而后者，只能苦大仇深地怨天怨地怨众生，自己却毫无长进，在之前摔倒的坑里继续摔、循环摔。同样是狠，自己对自己狠，对自己有严格的要求会让自己有能力去规避别人对自己的狠。自己不对自己狠，只能被动接受别人对自己的狠，有时候甚至是无底线的践踏。与其别人对你狠，不如自己先对自己狠。

只是当你的人生真的因为逆度的人而提升到一个你之前想都不敢想的档次和境界时，他们在一定意义上又帮你带走了你生命中对你不友善、不忠诚、不专一的那个错误的人，让你挥别错的能与对的人相遇，你会发现一切安排都是自有天意，这时候你才是真的想感激那些不曾让你如沐春风的贵人。所以小 S 才会真诚满满地对曾宝仪说："你根本不是我的敌人，你是我的恩人。"

所以你还在苦海中纠结，可不可以给自己一个机会，让自己未来有境界有资格，可以真诚地感激那些当时不曾让你如沐春风的贵人。

5、有时候不从一而终的幸福，才是有质量的幸福

我在安徽旅行的时候，发现那里文物古迹甚是丰富，但是让我心里一阵一阵发怵添堵的是，那里最丰富的文物 ，还是一座座沉重的贞节牌坊。

我打量着那些大小不同、形态各异的贞洁石门，白色的石质被岁月诅咒出了若隐若现的暗淡。有的气派壮观带着皇帝的亲笔御书傲然耸立在村头，有的矮小无言突兀地出现在晨雾缭绕的田野里，都迫不及待地向着前人与后人们诉说着一段段的程朱理学的妇道典范。

同车的导游突然将我的思维指引向一座不起眼的牌坊，年代久远字迹斑驳，我们辨认了好一阵都看不清。导游说，这座牌坊是一位村妇的牌坊，究竟是哪个朝代我也不知道，只是听说这位定了娃娃亲甚至未见过夫婿的普通女子还未过门，未来的丈夫就病死了，女子的父亲跟家人商议以后，决定让她恪守妇道而得一光门楣耀祖宗的贞节牌坊，活活把她给饿死了。

古时候中国女性骨子里的痴性让她们从一而终地守护着自己的不幸。除去女性自我主观上的天然依赖与身心上的不独立，整个社会与伦理都曾“助纣为虐”地“填上一把柴火”，让这把火燃烧更旺，烧到现

在都有星星之火。

青就是这么一位痴情而长情的姑娘。从她与她的郎君认识之后，她的情绪体验如同做了过山车一般，瞬间在峰值与峰底来回转换。前一秒还甜蜜如蜂糖，下一秒便愁苦如黄连，让我们这帮闺蜜措手不及。我们时常昨天还听着她羞若桃花给我们讲着他的种种惊喜、种种好，现在就得安慰着她因为他冷暴力而崩溃的啜泣。前脚他对她嘘寒问暖如阳春三月，后脚他便情绪低落待她如寒冰三尺。

不止一次，我们给青擦着眼泪帮她分析，这位郎君也不一定是坏人，只是情商略低喜怒无常，动辄喜欢用冷暴力来惩戒对他好让他有安全感的人。你们还没有结婚，这种人你若是驾驭不了，真的只能说明你们不合适。一辈子长着呢，总不能动辄就被别人掌控着情绪摔打得死去活来吧。

青抽泣着，点点头表示同意。不过恋爱中的女人死脑筋，我们这帮闺蜜费力不讨好的苦口婆心抵不过她郎君的一个轻轻的对不起，青立马在朋友圈状态上更新：爱是恒久忍耐，爱是从一而终。我们这帮闺蜜总是义愤填膺，却也是无可奈何。然后青的故事继续轮回，兜兜转转毫无新意。

比起精神虐待的冷暴力，我想起来我小时候的热衷家庭暴力的邻居。三天两头摔锅砸碗和女人惊恐的尖叫声，听得我们心惊肉跳。邻居阿姨就是一个旧式的任劳任怨的妇女，没有底线地任劳任怨恰恰也是她不被没文化又粗俗的丈夫珍视的一个原因。只是邻居阿姨那丈夫，粗俗浅薄又爱喝酒，外边受了气喝多了回家里来窝里横，借故找茬打老婆。

我们平日里见了邻居阿姨都是热心寒暄打招呼，若是听得有尖叫声的几日，我们见了阿姨都心照不宣地低下头匆匆走去，因为不忍看着阿姨的青一块紫一块的伤痕和哀怨又故作体面的红眼圈，一种人艰不拆的故作麻木的体谅。

之前也不是没有劝过，可是大人们说都是白劝，女人自己不争气起来如同瘫软的烂泥，扶不上墙的。第一次施暴就轻易地屈从于暴力，事后本来应该狠狠惩戒以儆效尤，可是男人一下跪一求饶便心软原谅，承认错误没有多大成本进一步激发了男人本性中丑恶的一面，于是家庭暴力此起彼伏、恶性循环。邻居们哀其不幸怒其不争，但是如同那些要死不活的牌坊们一样，阿姨也有着她自己的理论，什么嫁鸡随鸡嫁狗随狗，家家有本难念的经，要不就是为了孩子没办法离婚只能凑合过下去之类的话。明眼人都知道，孩子之类的都是借口，离不开的还是她自己，痴性与依赖让一个女人丧失了起码的独立思考能力与反抗的能力。

同万恶的旧时代惨遭伦理压迫的妇女比起来，这不是一个最坏的时代，可是总有着如上的女性，自己给自己加了贞节牌坊的枷锁，将自己置于万劫不复的境地，从一而终地守着不幸。她们或许有意无意地继承着那些无言的牌坊的意志，将“从一而终”四个字发扬光大，无论这“从一而终”修饰着什么样的名词，幸与不幸，她们不曾思考，只是机械麻木地守护着，忍耐着，那份谦恭顺从如同耕地的老黄牛，无底线地任劳任怨，不回头地接受鞭笞辛勤地走向路的尽头。路的尽头，是年老力衰后被送入屠宰场，那里鲜血淋漓。

《失恋33天》里，玉兰奶奶说：“买台冰箱，保修期才三年。你嫁个人，还要求这个人一辈子不出问题吗？”这话不假，那句俗话就说过，再好的感情，也有一百次想离婚，五十次想掐死对方的时候！只是这“忍”与“不忍”，都得有个界限，有个底线，有个雷区，遇到劈腿家暴黄赌毒这等原则性问题，轻易选择“原谅”真是一种拎不清的愚蠢。偏偏这些牌坊女子们对待这些问题，在别人践踏自己底线之前自己就先把底线低到尘埃里，生生糟蹋了“从一而终”这么一个有美感的词语。

恕我偏执与无能，我理解的“从一而终的幸福”，只配得上理解何为尊严、何为珍惜，懂得辨别、懂得为自己争取与斗争的人。如果“从一而终”只能用来修饰不幸，那我宁可选择“不从一而终”的幸福。这让我想起烈性的“冬皇”梨园女子孟小冬，不顾世俗两情相悦后同梅结婚，却被梅家人如同“尤二姐”般待遇不准进梅宅，情郎却躲闪避之不及不肯说句公道话，终于在为梅母奔丧遭遇排挤时选择了“你若无心我便休”的决绝。宁可高傲地独立也不要这卑微的依附，旧时的孟小冬尚且都不屑这“从一而终的不幸”，选择了“不从一而终的幸福”后嫁了杜月笙。

杜月笙对孟小冬呵护备至，以至于杜月笙的儿子评价说：“婚礼那天，孟小冬很高兴，久病的父亲也难得有了精神，他带病陪客。这段婚姻无所谓谁成全谁，他们之间是有感情的，我父亲一向重视她的艺术成就，孟小冬也很仰慕我父亲，她同父亲结婚不是报恩，也不是无奈的选择。”

感谢傲岸的尊严与决不依附的抗争，让可敬的可爱的女子们狠狠摒弃了“痴性”的无知，让“不从一而终”有了幸福的萌芽。

6. 浪荡子模板——胡兰成

橙子告诉我，她恋爱了。电光火石般地被触动了，遇到了一个“懂”她的人。她着重地强调了这个字：懂。我自然是好奇不已，问她，“详细说说怎么个懂法。”

她说，“他虽然家庭条件很不好，是个凤凰男，但是因为饱尝人间冷暖特别要强特别机灵，女生缘特别好。我们没有成为男女朋友之前我跟他就是惺惺相惜的知己无话不说，我偶尔需要帮忙他总是义不容辞随叫随到。后来我们确定了关系，他还专门建立了我们的爱情博客，每天悉心给空间里的花草浇水，在博客用心记载着我们的丝丝甜蜜。圣诞节、情人节他总是不用提醒就送我水晶苹果或者布偶娃娃，我生理期的时候总是给我准备红糖姜水，有一次我生日的时候他还用广场电子显示屏做了祝福我生日快乐的广告等我‘正好’路过的时候出其不意地给我个惊喜。”

后来橙子又来找我，“他却绝口不提结婚的事儿，一提结婚这事儿，就玩冷暴力转身去别的‘知己’那里诉衷肠去了”。 留下橙子哭也不行闹也不行，人家一句“你想多了”就打发了橙子。

我听了橙子的话，放下手中的《今生今世》，不禁有所感触：女人，尤其是容易感春伤秋的文艺女青年，真是有太多栽在了这个“懂”字上。

懂你，肯定也懂别的女人！

民国时期最“懂”女人心的男子莫过胡兰成了，活生生一个在世的唐璜。对胡兰成最合适不过的评价是，其文可留，其人可废。其文可留算是客观，毕竟人家也是靠才学与才华才被汪伪政权看重谋得“文化部副部长”一职，还留有名著《今生今世》。只是这用散文体写的自传，甚至用着“禅”的哲学口吻，讲述自己与八位女子欲说还休的“不了情”，差不多像是给自己一生集邮无数风流寡性做个总结性炫耀，时不时消耗着著名前妻张爱玲的名气给自己哄抬身价，用着文艺青年的言辞，堆积着华丽的辞藻想当然化给自己的风流薄幸留名青史。他就是凭借着对女子的一个“懂”字，用嘘寒问暖、文艺情怀以及廉价的情话填补了一票或雅或俗的女性的心灵缺口，然后自圆其说地粉饰自己的“有始无终”，将自己生生包装成一个有“情义”的“情圣”。

少年不得志而性格扭曲是造成他日后对情感索求无度与始乱终弃的重要原因。这个不得志可能有经济上的也可能有青春期成长过程中受到挫败郁郁不得而内在激起的反叛。不说个人爱恨情仇的是是非非，在民族大义上胡兰成就彻底鉴定了他是个“人品差”的败类：抗日战争时期出任汪伪政权宣传部副部长，因其为汪精卫执笔而被列为著名汉奸。1940年发表卖国社论《战难，和亦不易》，在中国抗战最艰难的时期鼓吹“和虽不易但也要和”，为汪精卫的卖国行径洗地。之前在跟友人讨论“为富不仁”还是“穷凶极恶”的时候，得出一个结论，无论穷富，若是满足于现状且乐得安闲，那么穷者安贫乐道富者也丰衣足食。

往往欲望决定面目，所以无论穷者富者，一旦被欲望驱动而不满足于现状，现实中又被诸多因素限制，野心超出能力范围的时候便会变得面目可憎而失去底线，为达目的不择手段。所以很多“有志气”的凤凰男一向受人诟病是有据可循的。那些纷纷落马的“农民的儿子”的贪官们，多是被贫穷狠狠践踏过之后穷怕了，带着对贫穷的记忆，跟天生变态的要强或者后天家庭言传身教的鞭笞，逐渐变得面目狰狞为达目的不择手段。胡兰成正是这种早年贫寒尝遍人间疾苦后人格扭曲的凤凰男代表，早年家道中落，欠债直到他进了汪伪政权谋个一官半职后若干年才还清。这之间的曲曲折折与因为贫穷而遭受的奚落，让这个颇有才气又心高气傲的男子早已练就了一副厚黑脸皮跟无耻心，变得贪得无厌索取无度，他自己都说“此心已回到了如天地之不仁”。这等心术与心思，哪里会念得好“岁月静好，现世安稳”。在他的心里，只有不断占有、不断索取才能填满当初因现实而扭曲的黑洞，占有之后再薄幸辜负以便轻装上阵猎取下一个猎物。

很多人如果只是单单读过《今生今世》，觉得胡兰成文笔圆润甚至超脱，对笔下八位同他有纠葛的女子惺惺相惜，各有恋爱，“懂”得通透，是位现代版的贾宝玉。我听了甚是觉得讽刺，宝玉是真的从骨子里怜爱女子们，他对怡红院内外的女子们的爱是一种纯真的大爱，带着至情至性的欣赏与呵护，宝玉跟姐姐们相处，都是“昵而敬之，恐拂其意”。胡兰成泡女人倒是驾轻就熟，坦然得潇洒，坦然得无耻。对与其相遇的八位女子都是兽性地占有，因为少年不得志，见得人性寒凉而练就了一张溜须拍马甜死人不偿命的嘴皮子，玩起欲拒还迎来得心应手，喜新不厌旧地做着三妻四妾的美梦。对女子的追求也是低端而廉价的。因为太知晓女性内在的脆弱与孤独，追逐张爱玲时则以文会友，用辞藻文学去轻扶才女的春心投其所好。对待小周小范等寻常女子，就是脸皮厚着在嘴巴上抹了蜜，把那通俗的贴心话儿一说，片儿汤一卖，两片嘴皮子唰唰哄好了这些简单又愚蠢的女子们。

只是这甜言蜜语究竟值多少成本，耗费追求者多少精力，在恋爱中昏了头的姑娘们定是不肯在意。在虚幻的甜言蜜语中她们却赌上自己的一生，与其说她们太过轻薄，不如说她们终究是落寞了太久，需要一个肯定，尤其是异性的肯定而虚空建立自己的自信与价值，所以对这廉价却是浅显的“对我好”自然是吃得香。

只是烂终究是烂，擅长柔情蜜意，但不擅日久天长。柴米油盐的日子一久，便生了烦闷，用着泡妞流水线的手段去聊扫下一位或俗或雅的姑娘。懂你，一样懂别的姑娘。中国男子大多沉稳厚重，不善言辞，忽略浪漫只顾实际，而这恰恰是柔软女子心里最需要填补的地方。结果柔情似水的女儿情都白白便宜了薄幸风流始乱终弃的唐璜们。

到了最后，跟胡兰成有纠结的八个女子，死的死，埋没的埋没，哑然的哑然，黯然的黯然，唯独一个跟他一样没了选择同属残羹冷炙的前黑帮压寨夫人佘爱珍跟他避难留在日本了却余生。这时候他又开始回忆他的前朝京华梦，写起《今生今世》来粉饰自己的龌龊。

他将自己的花心视为博爱，无耻视为性情，然后自圆其说地将那些憋屈的女子因为爱而卑微所做的妥协视作理所应当："一夫一妇原是人伦之正，但亦每有好花开出墙外，我不曾想要避嫌，爱玲这样小气，亦糊涂得不知道嫉妒"；或者龌龊得自以为是，将一个女子抱恨而去写得分毫不值："她是个柔和硬气人，待人心思好，我问了她的别后种，彼此敬重，如兄弟姊妹的亲。她今年还只有三十二岁，她的人品与相貌，好比一朵白芍药。我一生就是对好人叛逆，对应（应英娣），对爱玲。可是我不后悔。"不然意淫得洋洋自得："秀美与我，好像佛经里说的'法不二，法不待不比'，竟是不可能相像有爱玲与小周会是干碍。她听我说爱玲与小周的好处，只觉如春风亭园，一株牡丹花开数朵，而不重复或相犯。她是这样一种光明空阔的糊涂。"

风骨如应英娣，你若无情我便休，早早离去，痴情若张爱玲，卑微到尘埃里依旧开不出朵花儿来而看破红尘半世悲凉，多数是做了范秀美，你的一世他的一页，翻过就忘，如过河拆桥用过即抛。你悲愤恼怒，他指责你胸怀小气；你悲痛无助，他骂你不解风情；你嫉妒绝望，他贼喊捉贼，说你自私贪婪。高尚的帽子他带了去，只扣别人一脸屎盆子，满腔的委屈一掌打在了棉花上，绝望而无力，只因为爱得糊涂，爱得窝囊，爱得不甘心。

只是应了那句，上当受骗，不要怪骗子高明，是你心中空虚，正中下怀。反观这些被辜负的女子们自己，也是心中有虚无，才会入了胡兰成的套。旧时女子由于客观的时代环境有限，思维上、物质上崇尚独立的不多，半生漂浮，心心念念地等着那位“依靠”去依赖，以为有了“依赖”，下半生的心念跟身家都有了归处。哪怕繁华如张爱玲，也终究抵不过这女子对世俗幸福的理解和对女性低眉顺眼这伤人伤己的劣根性的顺从。太多的女孩子，因为家庭的偏见与世俗，物质上的匮乏，精神上的“穷养”，让她们早早带上自卑自怜敏感的枷锁，缺乏安全感而容易受制于人，深陷“胡兰成”们绚丽虚无的口头承诺和空头支票，以为从此可以执手白头。

这帮因为“虚无”而糊涂的女子，恰恰是胡兰成这种心性薄凉秉性自私的龌龊男人的最佳猎物，一个愿打，一个愿挨。所以遇到这里外里都是贴心话让她们眩晕麻痹着迷一样的胡兰成，如同在溺水的瞬间抱住了根救命稻草，不肯放去；如同飞蛾扑火，对余光的贪恋，一再被践踏底线，也是没了分寸，丢了原则，失了对错，出卖了自尊，一再压榨自己妥协去乞讨着略微延长的虚光，直至毁灭。

于是我跟橙子说，你好好研究研究胡兰成吧，他可是个值得借鉴的浪荡子模板，相信会对你大有启发。

7、愿岁月不负一切努力女子的努力

我一直相信选择比努力重要。

可是每次打开豆邮，有关咨询恋爱关系的、忏悔自责的求助信件占据了很大一部分来信比例。抛开大是大非杀人放火原则性问题的，这很大一部分姑娘的来信在我看来都是过度自省与自我矫正过度，你会看到很多心软善良的姑娘，沉沦于一场虐恋而久久不愿走出直面现实，抑或因为不舍而自欺欺人地选择偏安一隅，哪怕只为求得一时虚妄的温暖。

很多时候我们翻开女性励志的鸡汤文，太多似曾相似的内容，一遍一遍不厌其烦地用各种视角、各种声音、各种强调，好为人师地强调着女生一定要不断充实自己、强大自己，要内外兼修地提升自己，你要高标准、高条件地严肃要求自己，让自己上得了厅堂下得了厨房，堂前是贵妇床上是性感美女。你既要跟男人谈得来时事政治体育军事，又要对保姆老妈与女王公主的身份转换自如，还要做得了羹汤品得了红酒喝得了二锅头 ，你最好烤得一手好西点的同时还腌得一坛好酸菜，让你的“老爷”时不时换换口味，坐在家里也能古今中外融会贯通品尝世界。你得让自己千面夏娃一般绚丽多彩无限可能无所不能，只有这样你才有资格遇到和你比肩携手的灵魂伴侣。

我要推翻这个命题吗？不！因为我自己都是在不断前进、不断否定自己然后再不断进步地进行着主观上的修炼，让自己变得更瘦更美更强大，给自己一个交代一个圆满，让更自信的自己带着更多的勇气去更有力量地拼搏，然后才遇到跟我相似的那个人，然后一起努力执手白头。

可是我们已经足够努力足够好，就能遇到幸福吗？

青春美貌如张雨绮。我一直认为张雨绮是中国目前最美的自然美女演员之一。她生得骨肉圆润、脸若银盆、顾盼生辉，美得毫无做作，早期作为星爷的星女郎在《长江七号》里就美得熠熠生辉，之后的作品《女人不坏》则风情出媚而不俗的性感，在《白鹿原》中则将代表情欲的悲惨的美丽尤物田小娥生生演活了。而最让我惊艳的是她在红地毯上的那席绿色长裙，秒杀国内一众平胸锥子脸女星，将中国女性最原始最圆润的性感发挥得淋漓尽致却又健康清新。这么一位青春靓丽鲜嫩透着活力的小女人，依旧没有拴住王全安那颗猥琐的老男人的心，四处撩骚放荡寻欢被有关部门抓了现行，新婚宴尔没过多久就爆出丑闻害人害己，佳人只得提前黯然退出本该大放异彩的时装周舞台，面无血色灰溜溜地回家收拾烂摊子。

才华情怀如张爱玲。张爱玲在我看来是新旧时代女子的分水岭，之后便有了文艺女青年。对张爱玲，我献上一切华丽的文学辞藻都不足以表达我对她的爱慕与崇拜。她出身名门，是一位大家闺秀，拥有着低调陈静却绚烂无比的笔调，不世出的才华就在那看似不经意的信手拈来中娓娓道来，她太善于用文字去指引读者进入她的主观世界，绚烂多彩后猛然绝望无奈，浮躁繁华背后虚伪造作，平铺直叙中却慢慢渗透着繁华，终究归于苍凉。这么通透的人儿，也曾世俗卑微地低到尘埃里，幸福地开出一朵花儿。可这满腔才华、满腹情怀还有尘土中的花儿依旧在滥情的浪荡子那里渲染不开。当初信誓旦旦地对这世间独一无二通透女子才情倾慕而起的爱情，被同一男主人公的种马撒种一样的聊骚、姘居、包养砸得粉碎，讽刺至极。她拾起她碎了一地的自尊，不出恶语忍成内伤，最多一句“即或写信来，我亦是不看了的”打发了他也打发了自己，留下一世沧桑、孤独、薄凉自己品尝，始终洗不脱作为他人集邮册上最值钱的一枚邮票而被炫耀消费与沾沾自喜。

贤淑温婉如张幼仪。家世显贵不是达官显宦就是金融巨头，明明是大户人家的千金，却克勤克俭温婉贤良得像个再平凡再普通不过的夫人。带着媒妁之言父、母之命下嫁了那个家境同她相比只是平平的诗人，温良谦让贤淑勤快地操持着整个夫家，纵使那个大才子——心高气傲诗人徐志摩，那个他人眼中的“谦谦君子”对她百般不屑、百般羞辱、百般嫌弃，她依旧发扬着旧时女子逆来顺受的美德，忍耐憋屈，只会对自我省了又省、怨了又怨，怯生生地折磨自己。而后，多情的诗人为了追求梦中的女神，在她为他怀孕的时候提出离婚，她越是苦求挽留，他越是薄情决绝，越是对得不到的女神多痴情，越是对痴情的结发妻子多薄幸，不顾她在异国他乡孤苦无依强行“文明离婚”，还恬不知耻地留下了那句孤芳自赏的名言：“无爱之婚姻忍无可忍，自由之偿还自由。”

可是这些集美貌、才情、贤淑于一身的女子，一直埋头努力低头向前的女子们，哪个对得起她们自己的努力（这里讨论世俗女子的幸福，不婚的成功女性不在此列，请勿上纲上线）？选择比努力重要，所托非人好比一出发就选错了方向，越是努力挣扎反而离幸福的彼岸越是遥远。

我一直以为努力的女子，一定要选对了良人，才对自己的努力有了交代。好的爱人一定是会“滋养”女人的男子，不一定温润如玉但是一定会对爱人温柔相待，不一定是达官显贵但一定对爱人奉若珍宝，不求天崩地裂只求平平淡淡。他必定是温和宽厚不带棱角却又略有威严，净化着我们的暴戾却又温暖我们的岁月。合不合适，找得对不对，嫁得好不好，旁人都是能从女子的脾性与面色中一眼就瞧得出来的。于是自己的那份努力便有了肯定与归宿。

而所托非人是对自己努力的最大挥霍与亵渎。无论我们之前的修炼多么磨心、磨力、磨神，就像有千年修为却为凡夫俗子而永镇塔下的白娘子，在选错人的刹那，注定之前的历练修为和慧根通通沦为一场浩劫、一场空。或者他自身的修为不至于此，读不懂女子的深情与专注；或者他的道德良心有缺陷，生来专门糟蹋灵骨；或者本来就气场相斥，注定今生孽缘一场。

在消耗我们的人那里，情深必定不寿，慧极注定必伤。我们会疑惑，明明带着真善美的初心同执子之手的决心，依旧敌不过对方对欲望的贪婪、人性的自私、本质的龌龊。在他黑色负面的怀疑打压与推脱责任中，不断地重复着自我怀疑、自我压抑、自我否定、自我折磨、自我毁灭的循环，如同炼狱一般，将你的灵骨、才情、美貌、情操、执着一锅焦灼着、干耗着、毁灭着，透支身心昏天暗地地进行着过度地自我反省、自我纠结、自我矫正，进而群轻折轴，进而积毁销骨，最终走向绝望。

如果我们的努力真的让我们舍不得亏待自己，就请善待我们的努力，善待我们自己，择良木而息，择良人而爱，不要再漫无天际地终日沉沦于这无边无际的消耗，当一段感情重复地让我们怀疑自己、否定自己、伤害自己，且泪水多于欢笑，那它一定是一段消耗我们的“孽缘”。而我们要做的绝对不是温良的“改革”，而应该亮起底线，举起利剑自我救赎，来一次彻底的革命。

愿岁月极美，不负一切努力女子的努力。

8、什么样的姑娘注定情路坎坷

最近与闺蜜们聊电影，聊着聊着便开始聊到一个话题，如果性格决定命运，那么什么样的姑娘注定情路坎坷？

有人说是《被嫌弃的松子的一生》里边的松子。因为内在的卑微觉得自己不够好而极度渴望被爱，觉得自己必须付出更多才值得被更好地对待，于是无底线地付出去取悦别人。因为低自尊的性格，松子很容易因为别人的滴水之恩自己去涌泉相报。从小缺失家庭温暖的松子总是容易被情感不健全的男子吸引并付诸全部的情感和依赖，就是因为初见时对方对松子付出的一点点呵护，一点点关怀。而她则试图以替代方式把自己变成一个爱的给予者，来填补这种未能满足的需要。害怕遗弃却总是被遗弃，向往温暖却总是被温暖舍弃，拼命逃离孤寂却始终逃不脱一生孤寂的魔爪，爱得太过用力的人生只能是侮辱与被损害的人生，写下“对不起，生而为人”后悲怆地死去。

有人说是《我想和你好好的》里边的倪妮饰演的喵喵。喵喵不屑富二代的金钱追求，倒是很青睐冯绍峰饰演的亮亮。因为比起富二代赤裸裸的铜臭味，亮亮接地气的体贴和甜言蜜语更得喵喵的青睐。热恋过后归于平淡的时候，生性风流的亮亮对爱情的关注骤然下降，不安感强烈的咪咪则开始了各种歇斯底里的怀疑、试探和钻牛角尖，用“作死”来试探这个男人到底是不是一如既往地爱着自己。她哭，她闹，她不爱惜自己，她做尽伤人伤己的蠢事，其实看似纠结复杂的她只是反反复复求证一件事：你爱不爱我？你会不会一直爱我？可惜，面对一个同样脆弱、同样不知所措的年轻男人，同女人对爱情至死不休的执念相比，亮亮对自由的渴望和对责任的恐惧让他选择了逃避这段窒息的感情。于是，爱情就像手里的沙，捏得越紧散得越快。

也有人说是《廊桥遗梦》里的弗朗西斯卡和《迷失东京》里的夏洛特。她们在一段稳定的关系里，或者在一段稳定的婚姻中磨掉最初的新鲜与所谓的激情，在主角眼里如同咸鱼一般的伴侣早已失去任何吸引力，于是开始主观无限放大对方的麻木冷漠甚至愚蠢，给自己的空虚寂寞找个理由去放纵。同是面对形容枯槁的疲惫爱情，《我想和你好好的》里咪咪选择了自损和内耗，而弗朗西斯卡和夏洛特则选择了将矛盾向外转移。无论经过光影怎样的美化和过滤，这种稳定情感之外的多余情绪，都是虚空人士对自己落寞情怀的变相补偿。他们对情感里的宠爱充满渴望所以倾向感情热度的持续维持，当情感浓度下降的时候他们则恐慌不已。这时候，她们必须用一种补充去充盈自己的生命活力，才能让自己不至于被落寞所吞噬。她们急于抓住救命稻草去补偿自己的空虚，妄图在一段情感里被肯定而维持自身存在的价值。这时候给点儿阳光就灿烂的暧味情感，容易成为她们饥不择食的救命稻草。

其实，坎坷的情路各有各的坎坷，但是不幸福的原因却是一致。高于生活却源于生活的电影之外的姑娘们，正是如此。无论是极度忘我去追寻真爱的松子，还是歇斯底里往死里作的咪咪，或是寂寞空虚冷的弗朗西斯卡和夏洛特们，坎坷的根源还是自身对爱有匮乏感，也就是缺爱。

缺爱的女子，她们童年时期未被呵护未被满足的情感需求，或者成长道路上对挫败感的深刻体验让她们对安全感有着极度的依赖，对爱的渴望与敏感超乎常人。无论获得多少爱，她们骨子里总是潜伏着一种不安全感。这个无常的世界，到底有没有人能够无限包容自己、无限呵护自己、无限爱惜自己，给自己一个避风港去做彻底安稳的归宿？这种不安感就像一个深不见底的无底洞，吞噬了她们的自信和笃定，滋生出更多的欲求不满与脆弱不堪。

过去失败的体验总是让她们充满不安与怀疑，在心底深处实际上对任何人都没有信心，却又恰恰极度渴望寻求到那份平静的踏实感和归属感。于是在情感的道路上，她们总是茫然无措却又急于求成。爱的匮乏感让她们本能地急促地去寻求心理补偿，这种感觉会像上瘾一样停不下来，疯狂地爱人与被爱，无穷尽地付出爱，或者索取爱，用来填补内心深处无穷尽的大洞。她们不惜加大自我损耗的力度陷入情感泥潭而不能自拔，或牺牲自我讨好别人，或寻死觅活寻求肯定，或渴望被爱失去底线和理智而以身试险。记得有句话是，给爱赋予越多牺牲修行的孩子，越容易被苦难绑架，陷入困境。承载着太多脆弱和漏洞的心智，太过容易被私欲过重和别有用心的他人乘虚而入，从而加重悲剧的深意。

如此这般下去，是不是所有安全感匮乏的姑娘注定情路坎坷，此生情感归宿不得善终？

如果是真的，冯梦龙老先生就不会说“事在人为耳，彼朽骨者何知”了。

人类发展到今天，人的主观能动性当然不是一句空话。放任“注定”成为注定，那就不是有生机有活力的大活人，是腐朽破败的行尸走肉。

改变“注定”的第一步，是直面真实的自我。你需要找出自己缺爱的根源，回首自己的成长途径找出症结，到底是童年时期情感需求没有得到充分满足，还是成长道路上对挫败感的体验太过敏感。家庭物质基础和父母言传身教对孩子成长过程有着不可估量的影响。成长过程中，再有爱心再细心的父母都会有疏忽孩子情感需求、情绪需求的时刻，更别说存在相当数量没有正确科学育儿观念的父母处理亲子关系粗暴简单。等孩子到了发育期、青春期等身体心理变化的敏感时期，成长时期一些不可避免的挫败如果不能很好地应对和疏解，很容易对个人性格造成不良映射。负面影响可能当时并未明显地显现出来，但是对之后的成长道路影响深远。如果能找到缺爱根源，一定要重视自己缺爱背后的诉求到底是什么。明确了自己的诉求，才能对自己的性格缺陷对症下药。

第二，学会与孤独共处，寂寞是人生常态。很多缺爱的姑娘无限降低自己的底线去容忍他人对自己情感上、尊严上的践踏，她们并非不明白对方是个怎样的人。她们之所以继续受虐深陷一段腐朽感情的泥潭而不愿自拔的最主要原因，是因为她们爱的匮乏感强烈，她们自身的自卑感和强烈的不安感让她们没有自信、没有力量去建立健全的性格去独自面对现实和挑战，更别说无常的事实。所以他们害怕被抛弃，被抛弃后的一个人孤苦无依的孤独感让她们不知所措，习惯于自己定位成“弱者”姿态。所以她们遵从自己最原始、最低级的本能，宁可选择自欺欺人偏安一隅的寄生，也不愿意选择独立自主、奋发向上的新生。如果不能学会与孤独共处，学会从孤独中自我修炼强大起来，接受“寂寞才是人生常态”的现实，她们情感上的悲剧只会雪上加霜。

第三，学会关注自己、重视自己，将自己的价值建立在实力而非别人的评价之上。很多情路坎坷的姑娘习惯于压抑自己的本性、自己的本能去刻意讨好别人，以牺牲自己的利益去乞求一份廉价的同情、廉价的愧疚去维持一段廉价的情感。她们是道德绑架的牺牲品，但是她们却又自以为正确地用道德绑架自己、去“拯救”自己。可惜无底线地付出乞求来那一点点的口碑实在是可持续性堪忧，毕竟这个每天奉献的姑娘没时间去提升自我价值，就算自我压榨也是程度有限。而外界永远充满诱惑，五光十色，人性永远贪婪无垠，最后的自我奉献只能落得竹篮打水一场空，落个费力不讨好。再一看，那些年同样起点的姑娘，只因为懂得爱自己珍惜自己而去投资自己提升自己，如今早已事业爱情两得意。事倍功半和事半功倍，不过如此。

第四，寻找一个人品厚重性格宽厚的伴侣。虽然我们一再强调重视自身原因是改善问题的根本，但是也绝对不能忽视外在因素。有人说“你是什么样的人就会吸引什么样的人”是没错，但也别忘了“选择什么样的伴侣就是选择什么样的生活”这话绝对是真理。寻找一个人品厚重性格宽厚的伴侣，花好月圆的时候双方现世安稳岁月静好，世事无常的时候也会一别两宽各生欢喜。情感顺遂的女人才有精力去寻求更广阔的天空，被感情纠葛牵扯的女人只能在生命的枯井里了无生趣地怨了一辈子。相由心生，女人尤甚。慈眉善目还是满目戾气，岁月不会说谎。于茫茫人海中寻求知心伴侣是一件可遇不可求的事情，对缺爱的姑娘而言，切记伴侣的选择永远是观其行胜于听其言。

最后竭尽所能，做一个情绪稳定的自己，一个情绪稳定的母亲。如果说日常生活中治愈缺爱、缺安全最易把控的方法就是做一个情绪稳定的自己，那么治愈缺爱、缺安全的终极目标依旧是做一个情绪稳定的自己。情绪稳定意味着深陷困境依然能够头脑理智、冷静地分析问题，进而找出正确的方法解决问题。缺爱的姑娘因为缺乏安全感很容易惊慌失措不知所以，进而思维短路甚至情绪崩溃选择发泄或是逃避，导致自己陷入更加糟糕的境地，直至万劫不复。这种性格的姑娘如果做了母亲，纵使内心再过善良再疼爱孩子依旧是一个无能的母亲。动辄歇斯底里的情绪发泄只会让无辜的孩子在童年的阴影里不断重复自己缺爱、缺乏安全感的悲剧，将自己的宿命变成下一代悲剧的循环。

那么，到底什么样的姑娘注定情路坎坷？我想写到这里答案已经明了：缺爱、缺乏安全感的姑娘不一定情路坎坷。但是缺爱、缺乏安全感却始终自欺欺人故步自封的姑娘，注定情路坎坷。

9. 善待自己，是改变命运的最佳途径

前几天我在公众号后台收到一位姑娘的留言：

“我不知道为什么我现在没有信念，为什么这么说呢？其实我是一个大二的女生，做了半年的微商，半年里由兴致高高到现在不再相信什么成功学。其实我发觉我踏踏实实的挺好，家里情况不算好，也不是不好。因为一直受外婆和妈妈的影响，初中的时候和外婆生活在一起，每周20块钱的零花钱都嫌我花得多。长大以后妈妈也一直说我花钱多。其实买衣服这些真的算乱花钱吗？高中的时候，闺蜜家里情况好，都穿安踏这些牌子，而我穿路边摊。我去买回来当平时衬衫穿的衣服，她说她想拿来当睡衣。这件事，我记了三年，因为我觉得这样很伤害我的自尊。”

读罢，我发觉自己心里也跟着这位姑娘一起波澜起伏。因为这是一位典型的因为从小没有被“富养”的姑娘，在成长中遭遇的困惑与纠结。引起我注意的是她文字中提出的两件事：一是她的长辈强加给她的金钱观与她自身本能和社会体验有冲突；二是她尝试改变自己的突破口曾是——想通过微商获得成功。

类似“多买衣服乱花钱”“女孩子就该简单大方”和“勤劳朴素、艰苦奋斗”的观点依然存在于很多传统守旧父母的思维逻辑中。他们生

长于清贫的年代，在物质贫乏的时代中靠着“勤俭节约”的方式战战兢兢地存活下来，并将其奉为一生恪守的人生信条。因为穷久了穷怕了，觉得超出“生存需求”的消费，都是不必要的花费，是一种奢侈浪费。纵使物质生活有了改变和提高，他们潜意识里依旧沿着“勤俭节约”惯性思维继续苦大仇深存活于世。而更高层次的生活追求如“提升自我”“享受生活”这些超出简单的“生存需求”之外的成本，则让他们有罪恶感。于是他们选择将这类信息诚惶诚恐地屏蔽掉，甚至变成为了“节约”而节约，成为对自我本能的克制和打压。他们不去思考这些他们为这些短视思维付出的机会成本，却对此习以为常甚至引以为荣。

更糟糕的是他们不合时宜的逻辑不仅束缚着他们自己，还深深地影响了他们的后代。就像留言的这位姑娘，作为一位处在花样年华的少女，爱美是女人的本能，是女人的天性，关乎着她们的自信心。而姑娘在社会中的经历让她切实地对″体面的外表″在人际关系中的作用有着最直观的体会与认识，而绝非是简单地追求外表。这个认识是建立在姑娘想要成为“更好的自己”的意识中，是高于基本的“生存需求”境界的自我提升。而她的长辈则是用他们认为的标准即简单的“生存需求”层面，去束缚一个追求“自我提升境界”的姑娘，所以矛盾凸显。但是姑娘的乖巧让她对不服从长辈的意志有一种愧疚感，所以她才很纠结。

当她不愿让长辈失望而又不愿违背自我需求的时候，于是，她尝试自立。然而作为一名没有走入社会的大学生，手中可以经济独立的成本有限。所以接触到宣传微商的“成功学”时，她肯定会兴趣盎然地投入精力，因为除此之外没有更好的选择。只是现在微商难做不说，且名声不好，也早已变味，发展下线重于商品本身，这明摆着就是让底层的代理商赔钱的买卖。好在姑娘及时醒悟了，再也不相信所谓的“成功学”。

其实这个结果在某种意义上来说，她和她的长辈们，有着殊途同归的匮乏感。她纠结无力的急躁让人印象深刻。而急躁，是匮乏者的共性。

最近在读一本书叫《稀缺：我们是如何陷入贫穷与忙碌的》。我非常认同作者在书中的观点：关于贫穷导致的稀缺心态，会降低认知能力和执行控制力，致使人缺乏洞察力和前瞻性，没有闲暇的精力和足够的眼光去考虑如何利用投资和发展事宜将自己的人生提升到一个新的境界，使得贫困成为循环，贫者愈贫。

就像姑娘的长辈们，因为曾经的贫困造成的不安感和匮乏感，使得她们更多地关注“省钱”本身，而忽略了投资和自我投资去彻底改变所处的境况。这个思维导致她们不能够用长远的眼光来看待整件事进而解决困境，他们可能会做出更错误的决策，比如对姑娘成长成本和成长环境的投资。

而这时，这位姑娘其实已经不知不觉地继承了这种在金钱上的稀缺心态：她也一度像她母亲一样因为冲动而只关注短期的利益，思维受到束缚产生管窥现象，才会选择做了宣扬“成功学”的微商。也正如《稀缺》一书所说，无论大脑的主人是否愿意，稀缺都会牢牢地俘获他（她）的注意力。这不仅会影响他（她）的所见和所见的速度，而且会影响他（她）对周遭世界的认识。

稀缺虽然能带来短期的专注红利，比如姑娘听母亲的话可以省下把装饰自己体面的若干金钱，或者姑娘短期内微商小有收入、小有成就。可当我们太过关注当下的得失成本时，就无法有效地规划未来，这样一来，向前看的能力就有可能会丧失。这种心态，从长远来看绝对是得不偿失。当母亲说买衣服是浪费钱让姑娘心里愧疚，进而姑娘去买便宜的路边摊而遭受同学嘲笑的时候，她只是自尊心遭受到小小的打击。而当姑娘真正地走入社会，如果依旧被这种稀缺心态所影响，付出的代价可能会体现在真正影响人生的大事上，比如就业，比如情感，比如人生观。人生观作为个人寻求自我价值的指导思想是具有战略意义的，它决定你是否有觉悟走出故步自封地纠结于金钱短缺的思维陷阱，决定你是否有魄力去投入成本、去拓展人际关系，决定你是否有能力打通获取重要信息的渠道，以及你是否有远见投资后代的教育环境和心智启迪。这些，都是改变命运的关键。

由于历史原因和自身局限，可以对长辈们的观念、思路持保留态度。

但是大多时候他们的出发点都是希望自己的孩子们能做到最好。长辈们已经在他们自身允许的范围内，给孩子们的成长提供出他们所能给予的最好资源。过多的苛责其实是在为自己的无能找借口，是一种懦夫的表现。毕竟我们自己的人生能且只能由我们自己负责买单。曾经以为这个世界上最悲伤的事情是我们终将长大，现在才明白这个世界上最幸运的事情也是我们终将长大，能够直接掌控自己的命运。

姑娘问我该怎么办的时候，我对她说，“善待自己是改变命运的最佳途径。”

解决稀缺问题要从富足着手，沿着稀缺的线索向上追溯，我们就能看到充裕。 稀缺并不可怕，可怕的是稀缺的心态。能做的是改变心态，目光长远，充分利用余闲，避免恶性循环。永远不要让自己因为金钱匮乏而过于关注生活中的得失算计和沉没成本，将自己沉浸在戾气与狭隘之中，把自己变成咄咄逼人目光短浅的井底之蛙。如果想要改变命运，就在自己终将能够经济独立之时，给自己留一些余闲去追求更多的可能性：去接受真实的自我，尊重自己的本性，好好善待自己，无论内在还是外在。因为只有真正接纳自己，才能根据自己的优势、劣势做出切实可行的改变计划，将自我潜力发挥到最大，转化和调整已知的一切。

说得简单点就是勤俭持家不如能挣会花。从某种意义上说，欲望是推动人类进步的原动力。在能自给自足的基础上，有喜欢的衣服就去买下好好装扮自己，有喜欢的美食就买来好好犒劳自己，有喜欢的书就收来细细品读慢慢回味，有喜欢的兴趣爱好就认真发展全情投入，有喜欢的朋友就真诚相待然后不时请他们大快朵颐一顿，分享你的喜怒哀乐。如果有想去的地方呢，就带着行李去见识见识这大大的世界，毕竟站得高才能看得远。将胸怀眼界放置在大格局上，收起那些小家子气的计较算计，也收起那些畏畏缩缩的莫名愧疚。给自己更多的呵护与爱惜的同时，突破自我的局限，为自己的人生争取到更多的机会和更多的善意，世界才有可能回馈给你更多的精彩，人生才会有更多未知的惊喜。生而为人，要学会善待自己，才不枉潇洒人间走一次。这样你才有更正面、更健康的动力和激情，去追求更高层次的价值实现。

这才是真的“对自己好”。

我知道你会说这并不容易，可是正如前面提到的那个姑娘一样，你已经不是觉醒，并且走出了勇敢尝试的第一步了吗？

后记

1

这是我的第一本书。

我爱书，爱读书。之前我从未想过自己会写成一本书。

20 多岁正是颠沛流离的年纪。也正是这个“颠沛流离”让原本温室中的我们在现实的磨炼中慢慢成长起来。我整整念了 20 年的书，对于念书轻车熟路。然而从美得不真实的象牙塔辗转到社会这个现实的大学校，我还只是小学生。

迷惘的不仅仅是我自己，还有我的同龄人。

我不明白，为什么总有失落的姑娘一再践踏底线沉沦于痛苦，自欺欺人。

我不明白，为什么总有迷茫的姑娘不肯多走一步跨出执念，放过自己。

我不明白，为什么总有纠结的姑娘一再徘徊于自己狭隘的心魔之中，看不到井外的风和日丽。

郭芙蓉说，世界如此美好，我却如此浮躁，不好不好。

所以，我习惯取出一支笔，用文字梳理一切喧嚣的浮躁。作为当局者与局外人，我一直保持着思考，然后把思绪、感悟、反省用文字记录下来，放进自己的空间。

2

结果突然有一天，我原本放在QQ空间里的一篇随笔《我的努力让我舍不得亏待自己》和“李甜甜”这个笔名，迅速在网上传播开来。原本自己有所思的一些东西一下子得到了好多同龄人的共鸣与回馈，让我一时受宠若惊。

这个时候，纸磨坊的编辑张璇联系到我，问我要不要把空间里的文字结集成一本书。

我竟一时反应不过来。因为在我的世界里，我习惯了当一本书的读者，而不是作者。虽说我有些思考、有些想法，但是将自己的文字印成铅字，而且是一整本的铅字，满脑子都觉得“不可能吧”！

可这位漂亮、可爱的女编辑对我说：“为什么不可能呢？我觉得你的文字说出了很多人的心声，干吗不给自己一个机会呢？”

3

这本书早在2014年签约的时候，名字就被定作《我的努力让我舍不得亏待自己》。中途几经波折，上市迟了一些。这个时候市面上早有

N 多各种“努力”系列的文字，“努力”系列的书名。我们曾经考虑，要不要更改书名，绕开“努力”二字。

结果这个提议被发掘我的伯乐张璇和刘一鸣先生给直接否定了。他们的理由是，不弃风骨，不忘初心。

这个理由让我瞬间动容。

如今再翻开这本书的文稿，看着自己当初絮絮叨叨写下的文字，才发觉这本书的风骨和初心，其实概括出来就是两个字：自爱。

恰恰就是这个自爱，才让高贵的自尊倔强起来，不愿意辜负自己的努力，亏待了自己。

最后，我想感谢和我一起完成这本书的陈慧文同学，还有陪我走过一段路的赵小花同学。希望我们的努力让我们舍不得亏待自己。

李甜甜

2016 年元宵节